O QUE VOCÊ QUER DA VIDA?

O QUE VOCÊ QUER DA VIDA?

UM GUIA FILOSÓFICO PARA REFLETIR SOBRE O QUE REALMENTE IMPORTA

VALERIE TIBERIUS

TRADUÇÃO
LUCIANE GOMIDE

TÍTULO ORIGINAL *What do you want out of life?*

©2023 Princeton University Press
©2023 VR Editora S.A.

Latitude é o selo de aperfeiçoamento pessoal da VR Editora

GERENTE EDITORIAL Marco Garcia
EDIÇÃO Marcia Alves
PREPARAÇÃO Isabel Ferrazoli
REVISÃO Laila Guilherme
DIAGRAMAÇÃO WAP Studio
CAPA WAP Studio

Dados Internacionais de Catalogação na Publicação (CIP)
(Câmara Brasileira do Livro, SP, Brasil)

Tiberius, Valerie

O que você quer da vida? : um guia filosófico para refletir sobre o que realmente importa / Valerie Tiberius ; tradução Luciane Gomide. — Cotia, SP : Latitude, 2023.

Título original: *What do you want out of life?*
ISBN 978-65-89275-42-8

1. Desenvolvimento pessoal 2. Reflexões 3. Vida (Filosofia) I. Título.

23-154691   CDD-100

Índices para catálogo sistemático:

1. Filosofia : Reflexões 100

Tábata Alves da Silva — Bibliotecária — CRB-8/9253

Todos os direitos desta edição reservados à
VR EDITORA S.A.
Via das Magnólias, 327 – Sala 01 | Jardim Colibri
CEP 06713-270 | Cotia | SP
Tel.| Fax: (+55 11) 4702-9148
vreditoras.com.br | editoras@vreditoras.com.br

Para minhas irmãs, Paula e Kiry.

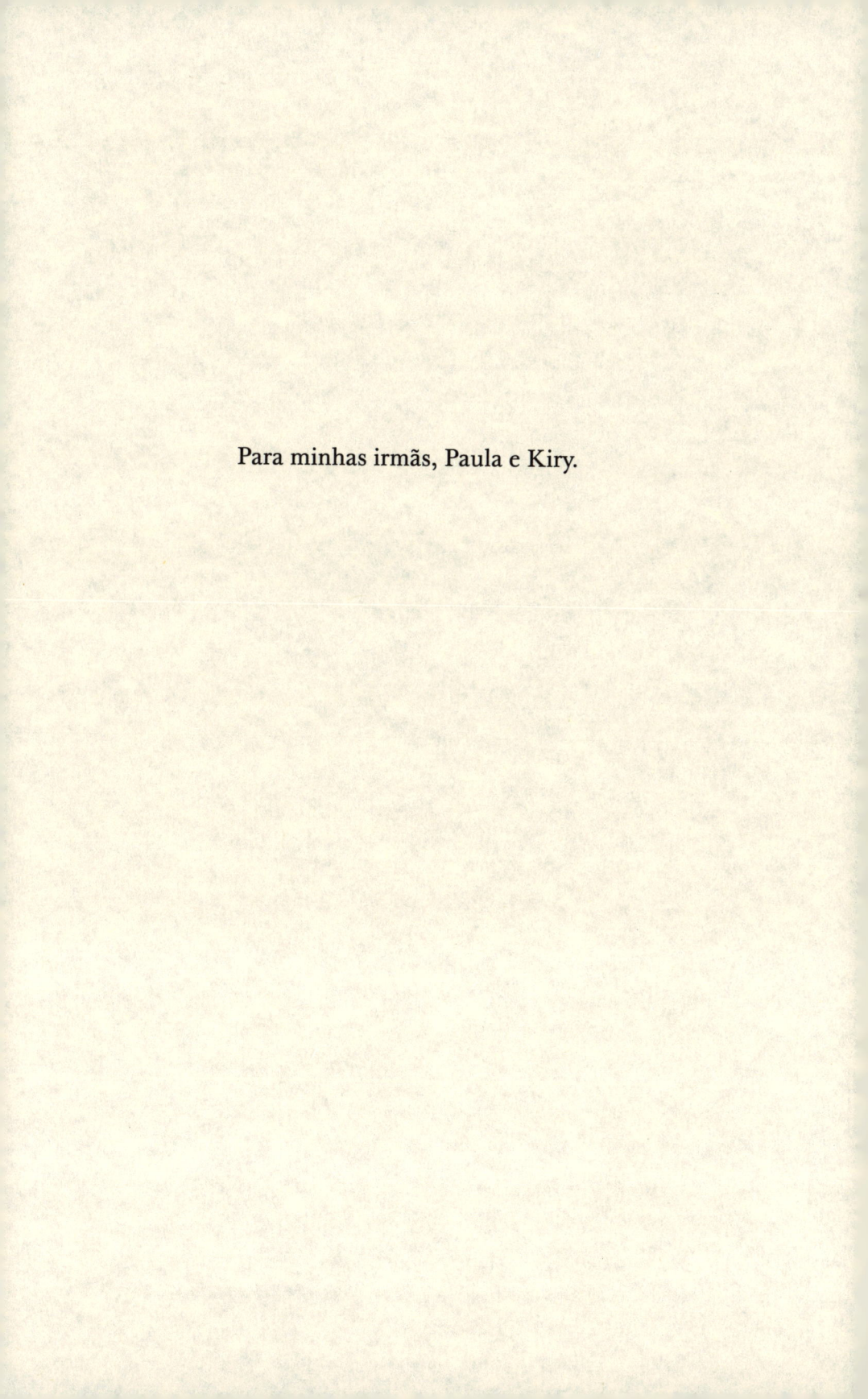

SUMÁRIO

Prefácio — IX

Roteiro — XV

1. O que queremos e quais são os obstáculos — 1

2. O que tartarugas, cães e pessoas têm em comum — 16

3. Quais são os nossos valores... e quais deveriam ser? — 34

4. Sobre morangos e segurança, ou como resolver conflitos — 64

5. Valores em uma cultura injusta — 94

6. Quando tudo dá errado — 111

7. O valor dos outros — 122

8. Exercendo nossos valores... moralmente — 143

Conclusão — 173

Agradecimentos — 177

Notas 181

Índice remissivo 193

PREFÁCIO

Eu não poderia ficar mais surpresa ao descobrir que a vida não se organiza por conta própria quando envelhecemos. Era o que eu pensava aos vinte e poucos anos. Ao chegar aos cinquenta eu teria tudo organizado. Claro, algumas coisas se ajeitam, suas opções são mais restritas, você se sente mais seguro em algumas áreas. Mas há tantas mudanças às quais devemos nos adaptar que você nunca se sente confortável. Este livro é motivado por um desejo de entender como devemos pensar a respeito de nossas escolhas, metas e valores em face dessa mudança contínua. Mesmo sem nos sentirmos confortáveis, como seguir em frente da melhor forma possível?

Obviamente, como estou escrevendo isso em 2022, a mudança contínua também está em minha mente devido aos eventos recentes. A pandemia da Covid-19 e o quase colapso da democracia americana trouxeram muitas coisas novas com as quais devemos lidar. Para aqueles de nós sortudos o suficiente para manter o emprego e estar relativamente a salvo, a pandemia gerou muita dúvida e preocupação. Quando estamos à beira do desastre, é natural questionarmos o sentido de qualquer coisa que estejamos fazendo com a enorme quantidade de tempo disponível (no meu caso, ensinando filosofia). Esses pensamentos me levaram a imaginar que valeria a pena escrever algo que fosse interessante para além do meu público-alvo de vinte filósofos acadêmicos.

Eles também me induziram a pensar a respeito de como nos ancoramos em tempos de convulsão, dos valores que nos trazem propósito e como deveríamos pensar nesse sentido.

A verdade é que sempre pensei nessas questões. A única novidade é que sou trinta anos mais velha do que quando comecei. Como filósofa, imaginei que haveria alguma filosofia que me ajudasse a pensar sobre esses temas. Na verdade, existe, mas não da forma como pensei. A filosofia antiga tem coisas boas, mas ocorreram algumas mudanças importantes nos últimos dois mil anos. A filosofia atual tem se tornado tão técnica e especializada que não pensei que tivesse utilidade. Além disso, muitas coisas sobre filosofia para as quais fui treinada a ler foram escritas por homens brancos. Quando se trata de questões sobre como eu vivo a minha vida, frequentemente percebo que não temos coisas em comum. Por exemplo, quando ouço homens brancos falando sobre crise de meia-idade, o discurso tende a ser sobre lidar com o fato de eles não serem os Grandes Homens que disseram que seriam. Ninguém jamais pensou que eu seria um Grande Homem, por isso não convivo com esse problema. Muitos dos problemas que eu *tive* estão relacionados de alguma forma com sexismo e preconceito. Portanto, este livro também é motivado pelo desejo de escrever algo sobre como viver uma boa vida sob a ótica de uma mulher.

Na última década, os psicólogos têm sido um pouco mais predominantes do que os filósofos ao escreverem sobre felicidade. No entanto, também não acho que as pesquisas na área da psicologia respondam às minhas perguntas. A maior parte das pesquisas é maravilhosa e interessante, mas não fornece um roteiro genérico sobre como viver minha vida. A psicologia me ajudou a descobrir como atingir algumas metas que eu já tenho definidas: eu sei que, por exemplo, se desejo me sentir mais feliz, deveria valorizar as bênçãos que tenho. Se eu quiser me sentir conectada a outras pessoas, deveria praticar a resposta ativa e construtiva.[1] Mas a psicologia não fornece uma abordagem geral para pensar sobre a vida, nem me ajudou a agrupar toda a diversidade de conselhos.

O que sempre apreciei na filosofia é o foco nas grandes questões e seu esforço interminável para sintetizar o que sabemos sobre nós mesmos e o mundo. Na melhor das hipóteses, ela pode proporcionar uma forma coerente de observar as coisas para que possamos desvendar a vida de um jeito mais sensível do que faríamos sem ela. Portanto, este é um guia filosófico, não um livro de autoajuda. Ele não contém um programa com dez passos para a felicidade, a riqueza ou a perda de peso. Em vez disso, ele oferece uma forma de pensar sobre as coisas importantes da vida que nos ajudam a lidar com os desafios de metas conflituosas, a falta de informações e um mundo muitas vezes sem cooperação.

Ao escrever essas palavras, estou muito consciente de que os principais obstáculos para viver uma boa vida – para a maioria da população mundial – estão relacionados a fontes externas, não ao conflito interno. Dentre outros fatores, injustiça, pobreza, opressão, assistência médica inadequada e práticas trabalhistas injustas são obstáculos enormes para viver bem e despertam questões políticas e econômicas complexas que não são a minha especialidade. Penso que aqueles que são afortunados o suficiente para não serem impedidos por esses obstáculos externos assustadores devem parar para pensar sobre nosso papel na resolução de problemas como esses. Ainda que este livro não pretenda salvar o mundo, ele oferece ferramentas para que pessoas conscientes abordem suas prioridades de forma direta.

Como o pensamento filosófico tende a ser muito abstrato, procurei usar diversos exemplos para ilustrar os pontos teóricos propostos. Muitas vezes, usei a mim mesma como exemplo, e tenho de admitir que tratar exemplos pessoais dessa forma me pareceu estranho, pois não é o que os filósofos geralmente fazem. Em vez disso, nossa tendência é falar sobre personagens genéricos A e B que realizam ações aleatórias nas horas $h1$ ou $h2$. Às vezes, nos tornamos mais realistas e criamos personagens que têm nomes (como Ana e Beto), mas não é normal na minha formação pessoal falar da vida dos outros em detalhes. Só que eu não creio que exemplos detalhadamente descritos de pessoas hipotéticas sejam bons o suficiente para esse assunto específico. O tipo de processo que envolve o entendimento de nossas metas e valores depende fortemente dos detalhes da vida de uma pessoa. Portanto, para ilustrar o processo neste livro, precisei falar sobre experiências que eu conheço bem o bastante para estar familiarizada com os detalhes. Felizmente, tenho quase certeza de que minhas experiências não são exclusivas e estou esperançosa de que vão ressoar em meus leitores. Sempre que possível, também procurei adicionar exemplos menos detalhados baseados em histórias que li a respeito de amigos e de outras pessoas.

Falo com certa profundidade sobre o fato de ser mulher em uma área que não tem sido particularmente acolhedora para nós. A experiência de ser de fato marginalizada não é algo discutido na literatura sobre felicidade e bem-estar. Filósofos que escrevem sobre bem-estar e felicidade demonstraram uma tendência a falar de indivíduos genéricos, em vez de mulheres ou homens, afrodescendentes ou asiáticos, entre outros. Isso me parece problemático, pelo menos quando tentamos aplicar nossa filosofia no mundo real, porque a forma como lidamos com nosso mundo social é extremamente importante para a nossa capacidade de florescer. É proveitoso falar sobre o contexto do preconceito e da socialização opressora, pois nos tornamos mais aptos a lidar com alguma coisa quando reconhecemos como ela nos afeta.

Também é complicado falar desse contexto, porque há muitas experiências diferentes, e eu só posso falar conscientemente sobre a minha em particular. Ao redigir esta obra, um ano após George Floyd ter sido assassinado por um policial em minha cidade, Minneapolis, estou particularmente consciente do quão diferente é a experiência dos afrodescendentes norte-americanos em comparação com a minha. Eu opto por me concentrar sobretudo em minha própria experiência para que eu possa aderir ao que sei que é verdadeiro. Mas, depois de ler as memórias e convocações de muitos escritores negros brilhantes (James Baldwin, TaNehisi Coates, Nikole Hannah-Jones, Ibram X. Kendi, Isabel Wilkerson[2]), eu realmente acho que há algumas semelhanças genéricas entre as experiências de pessoas que estão lidando com um mundo que não as deixa fazer o que desejam. Isso não significa que sabemos o que é sentir a dor do outro (nossas experiências muitas vezes são bem diferentes). Mas isso talvez signifique que podemos aproveitar os mesmos tipos de estratégia para lidar com as expectativas preconceituosas de outras pessoas, resistindo à pressão para nos enquadrarmos em um padrão que não combina conosco e nos recusando a pensar em nós mesmos sob a mesma ótica de quem nos definiu. Espero que minha obra permita aos leitores enxergar as generalidades dos meus exemplos específicos e substituir os detalhes por aquilo que é pertinente a suas realidades para ver como se aplica às outras pessoas.

ROTEIRO

Filosofia pode ser uma leitura difícil. Sei disso pela minha experiência acadêmica e por conversas com estranhos que, quando digo que ensino Filosofia, fazem aquela cara de desespero, contando que certa vez tiveram uma aula de Filosofia, mas que foi muito difícil de entender. A filosofia acadêmica (do tipo que é publicada em periódicos profissionais) é difícil, tal como seria qualquer texto acadêmico. É repleta de jargões e escrita para um público especializado. Eu tentei escrever este livro sem jargões e voltado para não especialistas, mas ainda pode haver coisas que os leitores percebam como desafiadoras. Os filósofos tendem a fazer várias distinções, definem termos de forma muito específica e, às vezes, incomum, esperando que os leitores se lembrem de tudo isso ao longo dos infindáveis argumentos. Apesar de tentar escrever para não filósofos, sei que não consegui evitar essas marcas registradas da redação filosófica. Sendo assim, pensei que seria útil começar com um resumo da argumentação principal (inclusive com algumas definições dos principais termos), para que os leitores possam consultar quando necessário.

Nos termos mais simples possíveis, este é um livro sobre realização de valores e estratégias para alcançá-los diante do conflito. Meu ponto inicial é que nós, seres humanos, somos criaturas valorativas que vivem bem quando conquistam as coisas que importam em nossa vida. Os conflitos entre nossos valores e objetivos nos puxam em sentidos opostos, para longe das conquistas. Os conflitos entre nossas metas e o mundo frustram nossas buscas e nos distanciam (de novo) da conquista. Nossa vida se torna melhor quando sabemos de que forma podemos gerenciar esses conflitos, e a boa gestão exige primeiro um bom entendimento do que é importante para nós.

Essa breve descrição já contém alguns termos especiais, então vamos retomar e falar sobre algumas definições. No prefácio, mencionei "coisas que importam para nós" e "coisas com as quais nos preocupamos". No restante do livro, usei os termos "valores" e "metas" para me referir a essas coisas. Basicamente, metas são as coisas que queremos. De maneira mais técnica, elas seriam representações de uma situação melhor do que a atual. A categoria de metas é muito, muito grande: inclui coisas amplamente compartilhadas, como comida, água, abrigo e sexo, mas também outras muito específicas, como "uma fatia daquele delicioso cheesecake favorito" e "trocar a lâmpada queimada do meu closet". Nossa multiplicidade de metas é organizada em uma hierarquia grosseira e bagunçada. Há certas coisas que queremos só por causa de outras. Eu quero o cheesecake e a lâmpada trocada por causa de metas distintas, especificamente, por causa do paladar delicioso e da capacidade de ver minhas roupas. Há coisas que queremos simplesmente pelo que elas são, como saúde e felicidade para minha família. Mesmo entre nossas metas mais básicas, algumas são mais importantes que outras.

Valores, como eu os defino, são metas especiais. Eles tendem a ser mais "finalistas" (em vez de "instrumentais"), no sentido de querermos conquistá-los pelo simples fato de serem o que são. Eles também tendem a ser importantes para nós e, idealmente, bem integrados ao nosso psicológico. Em outras palavras, valores são metas que estão no topo da nossa hierarquia, e não sentimos nenhum conflito interno em relação a eles. Para mim, a meta de comer um pedaço de cheesecake está em conflito com a meta de gerenciar meu diabetes tipo 1, considerando que eu não tenho muito conflito com a questão do valor da saúde. Eu quero o cheesecake, mas *valorizo* minha saúde.

Acabei de dizer que os valores são "idealmente" bem integrados. Isso despertará algumas questões. Estaria eu dizendo que alguns valores são melhores do que outros para nós? Sim, estou! E isso me leva ao nosso tema central.

Este livro é baseado em duas questões principais:

(a) Como identificamos nossos valores e metas e reconhecemos os conflitos entre eles?
(b) Como nossos valores e metas podem ser aprimorados para que possamos gerenciar esses conflitos e promover uma maior realização?

Identificar valores e resolver conflitos é como praticar jardinagem. Para ser honesta, odeio jardinagem, mas tenho vários jardineiros no meu círculo de amigos e família para ter uma ideia do que se passa com eles. Jardineiros trabalham com o que têm disponível – solo, árvores crescidas, formato do terreno – e transformam tudo isso em algo satisfatório. Para algumas pessoas, isso significa ter um jardim que produz frutos. Para outras, simboliza um jardim com visual agradável. Já outros podem entender que o jardim não pode ser destruído por cães fazendo bagunça. As plantas entram em conflito: árvores com folhagem densa criam sombras onde outras plantas não conseguem crescer, algumas árvores (como a nogueira-preta) são tóxicas para diversas plantas, e há plantas invasivas que podem ocupar todo o espaço. O jardineiro precisa balancear esses conflitos: encontrar os melhores pontos para as plantas valiosas, remover ervas daninhas e algumas vezes fazer as pazes com a imperfeição.

Seguindo essa metáfora, a vida é um jardim, nossos objetivos são as plantas e nossos valores são as plantas com as quais nos preocupamos mais. O que temos de fazer é descobrir com o que precisamos lidar, quais são nossas metas mais valiosas (nossos valores) e como reunir tudo isso em um formato que funcione para nós. Na jardinagem, se a sua nogueira-preta estiver matando tudo no seu jardim, você pode cortá-la ou mudar suas expectativas sobre os tipos de planta que poderia cultivar ao redor dela. Se aquela roseira que custou caro está morrendo com o solo encharcado, você pode mudar o solo ou escolher uma variedade diferente que seja mais tolerante a esse tipo de solo. Os valores podem ser abordados de forma parecida. Se a sua dedicação para correr maratonas está arruinando suas articulações e roubando seu tempo com a família, talvez você precise descobrir uma nova forma de pensar em competições e atividades físicas. Desista das maratonas e opte pela caminhada. Se sua abordagem para amizades exige que sacrifique todos os seus interesses para fazer só as coisas que seu amigo deseja, talvez deva repensar o que o caracteriza como um bom amigo. Ou talvez deva encontrar amigos que sejam menos exigentes do que aquela rosa mimada.

Descobrir o que importa para nós é o foco do capítulo 3. Conversaremos sobre diversas estratégias de aprendizado dos nossos valores e metas: introspecção, a estratégia do rato de laboratório (estudar a si mesmo olhando de fora), reflexão orientada, aprendizado com os outros e exploração.

Os capítulos 4, 5 e 6 abordam o gerenciamento de conflitos entre nossas metas, incluindo aquelas metas especiais conhecidas como "valores". Começaremos o capítulo 4 distinguindo três tipos de conflito: o conflito interno sobre uma única meta, o conflito entre metas diferentes e o conflito entre nossas metas e o ambiente. Depois conversaremos sobre três respostas básicas para o conflito:

1. Priorizar e ajustar os meios aos fins.
2. Desistir de uma das metas conflitantes.
3. Reinterpretar nossos valores.

O gerenciamento de conflitos fica complicado quando adicionamos um mundo que não é cooperativo. Esses desafios de contexto são discutidos no capítulo 5. Em seguida, no capítulo 6, adicionamos duas respostas possíveis para o conflito:

4. Fazer as pazes com o que não se pode mudar.
5. Considerar uma mudança radical.

Até agora tudo nos levaria a crer que o livro se trata inteiramente da nossa primeira pergunta (como identificamos nossos valores e metas e reconhecemos os conflitos entre eles?). Mas essa impressão é equivocada, pois o processo de identificação dos nossos valores não pode ser nitidamente separado do processo de imaginar no que seria bom colocarmos valor. Conforme investigamos nossas metas e valores, muitas vezes percebemos que não temos uma imagem muito clara do que exatamente eles são e o que significa ter sucesso nesses termos. Por exemplo, sabemos que valorizamos o "trabalho", mas podemos nos sentir inseguros se de fato nos importamos em desenvolver e usar nossas habilidades, em contribuir de forma significativa com uma grande organização ou em conquistar o respeito dos nossos pares. Conforme tentamos esclarecer o que importa para nós e nos deparamos com conflitos problemáticos, temos que fazer escolhas sobre como entender e priorizar nossas metas e valores. Não podemos fazer essas escolhas sem pensar sobre o que tornaria nossa vida melhor ou pior. Entendimento e melhoria fazem parte do mesmo processo.

O conceito de melhoria varia de uma pessoa para outra. Eu não darei a você uma lista de valores que deve ter. Também não gostaria de dizer quais plantas deveria comprar. Há tanta variação individual, tanto em nossas hierarquias de metas quanto em nossas preferências por plantas, que essa abordagem não seria útil. No entanto, podemos identificar algumas diretrizes gerais para pensar sobre a questão de quais valores são bons para cultivarmos. Primeiro, quase todos nós – como produtos da evolução humana – temos motivações psicológicas básicas quanto a conforto e segurança, novidades e empolgação, autonomia (controle sobre nossa própria vida), competência (as habilidades para fazermos o que queremos) e afinidade com outras pessoas. Em segundo lugar, conforme nos desenvolvemos, essas motivações básicas são formatadas por nossa personalidade e nosso ambiente (cuidadores, professores, cultura, entre outros) em metas específicas. Os marcos da natureza humana e da natureza psicológica individual influenciam a forma como podemos mudar nossos valores. Eles não evitam completamente as mudanças, mas ditam que tipo de mudança é possível para nós. E isso significa que, para vermos como nossos valores poderiam ser aprimorados, temos que entender nossa condição neste exato momento.

Sendo assim, os *melhores* valores para nós são aqueles que se adaptam ao que somos e ao que podemos de fato exercer em nossa vida. Um fato importante sobre quem somos é que os seres humanos são uma espécie profundamente social. Grande parte de nós floresce reunida em famílias, amizades e comunidades. Isso quer dizer que os melhores valores para nós envolvem outras pessoas em alguns aspectos significativos. Devido ao fato de os relacionamentos sociais serem tão importantes, os valores da amizade, família e comunidade aparecem ao longo de todo o livro, mas nos concentraremos neles explicitamente nos capítulos 7 e 8. Esses capítulos levam em conta como deveríamos tratar os outros e onde os valores morais se encaixam em nossos jardins.

Esse é o roteiro. Espero que tenha uma boa leitura!

O QUE VOCÊ QUER DA VIDA?

1

O QUE QUEREMOS E QUAIS SÃO OS OBSTÁCULOS

Eu sou daquelas que os outros chamam de uma pessoa legal. Fui criada no Canadá, então sou culturalmente educada. Tenho diabetes tipo 1 desde que nasci, e isso me ensinou que pessoas decepcionantes (especialmente médicos) provavelmente resultarão na minha morte. Na minha infância na década de 1970, meus pais feministas me ensinaram que eu poderia fazer o que quisesse. Ainda assim, muitos dos meus modelos culturais eram bastante tradicionais: homens eram líderes e mulheres eram ajudantes. Sou uma pessoa afável e profundamente avessa a conflitos. Também sou filósofa. A filosofia atrai e premia pessoas que têm as virtudes dos lutadores. Pessoas combativas e rápidas quando estão de pé. Não sou uma lutadora. Especialmente quando era mais jovem, passava a maior parte do tempo ouvindo debates e pensando em por que ambos os lados estavam certos de alguma forma. Muitas vezes isso me fazia sentir como se não me encaixasse na filosofia, apesar de adorar as leituras e pensar nas "grandes" questões. Minha personalidade afável não era a melhor qualidade para uma área que premia o posicionamento firme contra intelectuais agressivos, que muitas vezes parecem mais interessados em ganhar a discussão do que explorar o assunto.

Essa incompatibilidade tem sido um problema para mim. Tornou mais difícil fazer as coisas que me importam, como ser uma pessoa legal e uma boa filósofa. Houve uma época, inclusive, em que me tornei uma pessoa bastante desagradável. Quando estava na faculdade – período essencial para aprender a me entrosar –, eu discutia como uma advogada nos jantares tranquilos em família. Ainda ouço as palavras da Paula, minha irmã, ressoarem nos meus ouvidos: "Nem toda conversa se resume a ganhar ou estar certa sobre algo!". Treinar para ser uma filósofa me tornou pior no quesito sobre ser uma boa irmã.

Admito que nunca me senti inteiramente acolhida na filosofia. Eu me sentia uma estúpida e uma fraude. Várias vezes tive a sensação de que não era levada a sério e de que meus questionamentos e minhas ideias estavam meio "deslocados". Um amigo uma vez me aconselhou a "esfolar a pele" em minha redação filosófica como forma de facilitar minha publicação. Ele quis dizer que eu deveria identificar a posição de um inimigo e aniquilá-lo com uma objeção devastadora antes de oferecer minhas próprias ideias sobre o tema. Eu tentei, mas não sou muito boa com uma varinha e nunca estou muito motivada a esfolar alguém. (Penso nas discussões com minha família como tentativas tolas de esfolar o animal errado.) Posso dizer pela minha experiência que o tempo que você gasta se sentindo um impostor e se preocupando com quem possa estar no campo errado não é um tempo gasto para fazer seu trabalho, nem para melhorar nele.

Se eu estivesse menos preocupada em agradar outras pessoas ou mais interessada em uma carreira na qual seria positivo agradar as pessoas, poderia passar por tudo isso fazendo algo que eu queria.

Em vez disso, esse conflito entre minha "personalidade legal" e minha carreira era a pedra no meu sapato que fazia com que eu duvidasse do que estava fazendo. O que há de tão espetacular na filosofia – refleti – se há tantos filósofos mesquinhos que na verdade não ouvem uns aos outros em sua própria corrida para provar a própria tese? O que há de tão excepcional em ser legal se isso me causa tanta ansiedade ao imaginar se disse algo errado e feri os sentimentos de alguém? Eu tive de fato uma crise de valores que me deixou insegura sobre o que deveria fazer. Será que eu deveria desistir e fazer outras coisas? Preciso tomar lorazepam? A incerteza sobre o que é importante para você torna difícil seguir adiante. Se você não sabe realmente o que quer, é difícil saber como conquistar.

Esse conflito da minha vida é bastante comum. Nunca estive entre a vida e a morte, não se trata de uma crise existencial que me levou às drogas ou causou forte depressão. Além disso, apesar de manter os detalhes em âmbito privado, a temática mais ampla – um conflito entre metas incompatíveis que faz com que as pessoas pensem no que estão fazendo com a própria vida – não é tão incomum. Muitos desses conflitos envolvem nossos trabalhos: você quer ser um bom pai e ter sucesso na carreira, mas essas coisas competem para usar o seu tempo. Você quer ganhar muito dinheiro, mas subir na carreira na sua empresa significa gastar tempo com pessoas de quem você não gosta. Você quer que seu trabalho seja ético, mas tem um talento nato para defender empresas com acusações relacionadas a legislação ambiental. Você recebe uma oferta dos sonhos no trabalho, mas fica a mil quilômetros de distância da sua família. Você fica dividido entre um trabalho que paga bem o suficiente e lhe proporciona tempo para ir à academia, ou um trabalho que acha mais realizador, mas que cobra um preço alto da sua saúde. O equilíbrio entre vida pessoal e profissional, como tem sido chamado, é um ótimo exemplo de um desses conflitos comuns, mas não é o único.

Pelo fato de termos muitas metas, também enfrentamos muitas possibilidades de conflito. Digamos, por exemplo, que você é muito empenhado na sua igreja, mas tem um amigo gay e a igreja adota uma posição sobre casamento gay que você não aceita. Ou você e sua parceira têm dificuldades em conceber um filho e entram em conflito sobre optar pela fertilização *in vitro* ou a adoção. Ou você quer proporcionar todas as oportunidades aos filhos, mas levá-los de carro para as aulas e o clube todos os dias da semana o deixa sem tempo para si mesmo.[1] Ou talvez você queira aprender a dançar sapateado, mas foi ensinado desde criança que a dança é um desperdício de tempo. Há tantas possibilidades diferentes quanto pessoas.

Todos esses conflitos podem nos fazer duvidar se estamos no caminho certo. O trabalho que você faz na sua empresa vale o sacrifício? Ser um bom pai realmente exige passar tanto tempo dirigindo? Qual a importância do dinheiro? O que você valoriza na sua igreja que poderia conseguir em outra? Conflitos sérios levantam questões sobre as coisas que valorizamos. Mas, antes mesmo de isso acontecer, os conflitos surgem na nossa vida como estresse, frustração e infelicidade. Se as coisas não estão indo muito bem, provavelmente você encontrará algum conflito na sua origem.

No entanto, vale esclarecer que nem tudo o que chamaríamos de conflito representa um problema. Eu entro em conflito ao ter que escolher entre um cheesecake de gengibre e um de abóbora, mas isso não me causa tanta aflição. Pequenos conflitos ou atritos entre nossas metas podem até ser benéficos: perseguir metas muito diferentes pode enriquecer nosso entendimento sobre cada uma delas, e enfrentar o conflito pode promover o pensamento criativo sobre novos caminhos para organizar as coisas. Os tipos de conflito nos quais nos concentramos neste livro são aqueles que inibem nosso sucesso em termos do que realmente nos interessa. Poderíamos chamá-los de "conflitos graves", mas nem sempre adicionarei o qualificador. Os exemplos nos capítulos seguintes devem esclarecer quais tipos de conflito representam um problema.

Sendo assim, este livro trata de conflitos graves e das formas de gerenciá-los, visando tornar nossa vida melhor e satisfazer nossa mente reflexiva. Ele não prescreve um programa especial, nem define regras a serem seguidas. Acredito que soluções diferentes funcionam para pessoas diferentes, e o melhor que um filósofo pode fazer é identificar o problema, articular uma solução geral e apontar para uma variedade de caminhos pelos quais cada um pode alcançar determinada solução. A solução geral exige pensarmos sobre o que realmente importa para nós de acordo com a nossa natureza e refinarmos nossas metas para que elas *não* entrem em grave conflito. Portanto, este também é um livro sobre como descobrir o que é importante. Como fazer isso exatamente na prática, seja com a ajuda de um amigo ou um terapeuta, com diários e listas de tarefa ou pela meditação, só depende de como você é individualmente e das suas habilidades e fraquezas específicas. O que você encontrará nas páginas seguintes é uma abordagem filosófica geral de pensamento sobre nossos valores e metas e como eles se encaixam em nossa vida.

CONFLITO ENTRE OBJETIVOS E A CONDIÇÃO HUMANA

Compare a situação de criaturas como nós com a situação da minha cachorrinha, Sugar. A vida de Sugar também vai bem quando ela consegue ganhar as coisas que importam para ela, especificamente um carinho na barriga, o domínio das camas dos cachorros e os lanches. Ela não precisa de muito mais que isso.

A condição humana, por outro lado (pelo menos para qualquer ser humano que esteja lendo este livro), é muito mais complicada. Como bebês, poderíamos começar com metas que são similares às de Sugar, mas nosso cérebro sofisticado e a curiosidade embutida nos empurram rapidamente para além dessas necessidades básicas. Nós nos desenvolvemos como pessoas com metas diversas, multifacetadas e inter-relacionadas. Não deixamos de querer afeto e comida, mas essas metas básicas se tornam muito menos básicas conforme aprendemos sobre as normas e expectativas de nossa cultura e família. A necessidade de comida torna-se um amor pela culinária extravagante, pelo autêntico churrasco ou pelo veganismo. Nossa necessidade de afeto está emaranhada nos ideais de relacionamentos moldados pela nossa cultura. Nós nos tornamos pessoas com listas de exigências para parceiros, com ideias rebeldes sobre os tipos de amigo que podemos ter, com fantasias sobre casamentos tradicionais que não se alinham com nossos valores feministas ou com sólidos compromissos nos cuidados da família escolhida (em vez da biológica). Além disso, logicamente, o desenvolvimento do nosso complexo sistema de metas não fica confinado à comida e ao afeto. Conforme descobrimos o que nos agrada, os nossos talentos e o que somos capazes de fazer, adicionamos cada vez mais metas e objetivos secundários: trabalho, segurança financeira, esportes, música, arte, redação, leitura, jogos, fé, voluntariado, ensino, aprender um idioma, entre outros.

Também estamos muitos conscientes de que temos objetivos, o que significa que somos capazes de examinar, duvidar, favorecer ou rejeitar pelo menos alguns deles. Sugar certamente tem conflitos, mas ela (quase certamente) não sente conflitos entre o que quer e o que acha a respeito do que quer. Ela nunca *duvida* se um carinho na barriga compensa algum eventual problema ou *questiona* se comer cocô será ruim para ela no longo prazo. Não existe crise existencial para uma beagle, nada que a faça dar uma pausa e a force a reconsiderar sobre o que importa na vida.

Obviamente, nem sempre somos conscientes sobre nossas metas e nunca temos todas elas em mente ao mesmo tempo. Se alguém lhe perguntasse quais são suas metas, provavelmente pensaria em algumas coisas para dizer. Você poderia dizer que está trabalhando para reduzir a sua pressão sanguínea ou tentando aprender a nadar, ou então que está buscando um emprego que pague melhor. Mas nós não vivemos nossa vida com uma lista detalhada de metas como prioridade em nossa mente. Uma razão para isso é que nosso cérebro é tão complexo que muito do que acontece nele não tem nossa atenção consciente. Isso significa que, além de todas as metas que conhecemos, também temos metas ocultas – metas que não buscamos conscientemente – que nos obrigam a fazer coisas e nos causam todos os tipos de sentimento, desde frustração até felicidade. Meu desejo de ser agradável muitas vezes permaneceu como uma meta oculta. Isso afetou o que faço e como me sinto ao interagir com as pessoas, mesmo quando não tenho consciência disso. Pessoas com fortes motivações para agradar aos outros provavelmente têm metas ocultas para escolher amigos, carreiras e estilos de vida que sejam aprovados por suas culturas.

Fortes necessidades biológicas também funcionam como metas ocultas. Uma astronauta que escolhe passar um ano no espaço, sem nenhum contato com humanos, pode experimentar uma grande tristeza devido a metas ocultas de relacionamento que ela conscientemente decidiu adiar. Esse exemplo nos permite observar que uma única meta pode estar presente em nossa mente consciente em dado momento, mas oculta em outro. A astronauta poderia estar muito consciente quanto ao objetivo de estabelecer relacionamentos próximos com outras pessoas enquanto estava namorando na faculdade. Mas, quando decide se concentrar temporariamente na exploração espacial, ela desvia seu foco dos relacionamentos e não vê isso como meta importante naquele momento. Mesmo assim, a meta de relacionamentos ainda poderia estar lá, escondida, mas poderosa o suficiente para causar uma reação emocional ao isolamento. Poderíamos pensar na atenção consciente como uma lanterna com alcance limitado: ela ilumina algumas de nossas metas e as traz à consciência, mas muitas delas permanecem no escuro até mudarmos nosso foco.

Falaremos mais sobre esse processo de iluminar nossas metas nos capítulos seguintes. Por enquanto, podemos apenas reconhecer que não causa espanto o fato de a condição humana ser caracterizada pelo conflito. Simplesmente há peças demais em movimento para que tudo isso se encaixe de forma harmoniosa. E isso importa? Acho que importa demais.

Assim como a minha cachorrinha, seres humanos são animais e nossa vida também vai muito bem quando podemos atingir nossas metas e fazer as coisas que importam. Graves conflitos surgem pelo caminho. Há dois motivos para isso. Primeiro, o conflito entre metas torna mais difícil para nós ter sucesso e conseguir o que queremos. Quando temos um conflito, trabalhar na direção de uma meta nos leva para longe de – ou até contra – outra meta. Esse é um problema que compartilhamos com outras criaturas: Sugar não pode procurar cocô e ganhar carinho na barriga ao mesmo tempo. Mas, para a maioria dos outros animais, os conflitos são facilmente resolvidos quando um desejo naturalmente se sobrepõe a outro. Às vezes, isso vale para os humanos: no final, meu desejo por um delicioso cheesecake me forçará a decidir entre o de gengibre e o de abóbora. Mas nós também temos conflitos que não são facilmente resolvidos, e eles bloqueiam nosso caminho. Em segundo lugar, para os humanos, conflitos sérios podem gerar reflexões e nos fazer questionar se temos de fato as metas corretas. Quando nos sentimos internamente em conflito, constantemente frustrados ou puxados para direções opostas, poderíamos pensar se não estamos batendo na porta errada. Deixe-me explicar ambos os pontos mais atentamente, pois eles são uma motivação importante para o restante do livro.

É mais fácil ver como o conflito frustra as próprias metas que o alimentam. Simplificando ao máximo, se você quer comer uma maçã e quer evitar comer maçãs, uma dessas metas acabará sendo frustrada. De forma similar, se o meu desejo de ser uma filósofa de sucesso exige que eu desista de ser uma pessoa legal, então não posso atingir as duas metas ao mesmo tempo. Se aprender a falar espanhol ou a esculpir patos de madeira tomar todo o seu tempo livre, então você não poderá fazer ambos. Se ser um bom pai significa ficar em casa com seu filho, então você não será um bom pai se tiver uma carreira exigente. Mas aprender a esculpir patos talvez não tome todo o seu tempo livre, e ser um bom pai talvez não signifique ficar em casa todo o tempo. Como veremos, há espaço para reinterpretar nossos objetivos para que eles *não* estejam em conflito (essa é parte da solução geral do nosso problema). Mas o meu ponto é que, se o caminho que você determina para suas metas as coloca em conflito, então você não será tão bem-sucedido em atingi-las.

O conflito também frustra o alcance de *outras* metas que nem sequer parecem estar conectadas. Quando o conflito causa sentimentos ruins, como ansiedade e estresse (o que acontece com frequência), ele frustra as metas que quase todos nós temos: saúde e felicidade. O conflito é desconfortável e exige nossa atenção, roubando tempo de outras coisas que são mais importantes.

Conflitos também bloqueiam muitas vezes o caminho de nossas metas altruístas. Pense no conselho que diz para "colocar sua própria máscara antes de ajudar os outros". Isso começou como orientação para passageiros em voos comerciais, mas se tornou um meme para o cuidado pessoal. Não ter a própria casa arrumada torna difícil ajudar os outros. Pessoas que estão estressadas, frustradas e perturbadas com conflitos internos normalmente não conseguem ser solidárias como cônjuges, pais ou amigos. A pessoa que consegue fazer o que valoriza sem conflitos incapacitantes tem mais recursos necessários para ser útil. Ela tem mais oxigênio.

Assim, o primeiro problema com o conflito (quando é persistente e não resolvido) é que ele torna mais difícil atingir muitas de nossas metas. O segundo é que o conflito pode perturbar nossa mente ocupada e reflexiva e nos deixar incertos sobre o que realmente queremos. Se você é puxado para dois lados conflitantes, precisará decidir qual caminho seguir. Se tivermos sorte, a solução será óbvia, mas nem sempre está tão clara para nós. Isso é um problema porque, para perseguir suas metas, você precisa saber quais são e quais devem ser priorizadas. O conflito nos faz questionar se realmente sabemos o que é isso. Eu descrevi como isso aconteceu no meu caso: fiquei imaginando se a filosofia era realmente a carreira certa para mim ou se minha personalidade era um produto da cultura sexista que eu deveria tentar superar.

De forma similar, os conflitos entre um trabalho desafiador e uma família exigente podem fazer com que as pessoas questionem seus motivos para terem uma carreira de sucesso, ou a solidez de seus critérios para serem bons cônjuges ou bons pais.

Podemos fazer uma pausa aqui e questionar: Por que é tão importante atingirmos nossas metas? Para alguns, essa pergunta parece uma bobagem: o que poderia ser pior do que não ser capaz de fazer o que você deseja? Mas, para outros, é uma questão filosófica profunda sobre a natureza de uma boa vida humana, uma pergunta que os filósofos vêm tentando responder há milhares de anos.[2] Ao longo da história, alguns filósofos disseram que uma boa vida – também chamada de *bem-estar* ou florescimento – é uma vida com muitos prazeres e poucas dores. A boa vida tem tudo a ver com nossos sentimentos, de acordo com esses hedonistas, e é melhor se sentir bem do que mal. Outros têm argumentado que a boa vida é aquela em que vivemos acima do nosso potencial humano, desenvolvendo nossas capacidades para a virtude racional e moral. Recentemente os psicólogos começaram a brigar com suas próprias ideias a respeito do que torna a vida algo bom. Alguns concordam com os filósofos hedonistas que se sentir bem e satisfeito com a vida é o ponto principal. Outros falam sobre a importância de satisfazer as necessidades básicas do ser humano quanto a autonomia, relacionamentos e desenvolvimento de habilidades.[3]

Minha visão própria sobre o bem-estar é a de que ele é mais bem compreendido como o cumprimento dos valores que se ajustam à nossa personalidade e às nossas circunstâncias.[4] Estamos bem quando temos sucesso no que é importante para nós, e quando o que é importante para nós se conforma aos nossos desejos, emoções e julgamentos. Supondo que isso represente o bem-estar, é fácil entender por que cumprir metas é importante. Minha teoria sobre o bem-estar apenas define isso em termos da realização de um conjunto especial de metas importantes chamadas "valores". Nada mais importante para viver bem do que a realização das suas metas importantes e psicologicamente adequadas. Essa é a teoria da conquista de valor do bem-estar.

Uma preocupação que você pode ter a respeito dessa teoria é que, se o fato de ter uma boa vida se resume a conquistar seus valores, então uma pessoa terrível poderia se sentir perfeitamente bem buscando valores que são ótimos para ela, mas horríveis para nós. Esse é obviamente um assunto espinhoso, e alguns filósofos entendem que se trata de um contraponto em relação a teorias como a minha. Eu tenho duas coisas para dizer em resposta. Como veremos adiante, a teoria da conquista do valor não traz facilidades para uma pessoa com valores imorais alcançar o bem-estar. Para a maioria, valores moralmente bons contribuem para o bem-estar. Além disso, minha visão apresenta algumas vantagens precisamente porque *não* tem um padrão objetivo que define quais são os valores certos. De certa forma, isso evita a tarefa dificílima de comprovar o que seria esse padrão objetivo. Por outro lado, evita a abordagem do "tamanho único" ao pensarmos sobre o que seria uma boa vida humana. Dada a quantidade de diferenças entre as pessoas, penso que seja um ponto bastante importante.

Dito isso, você não precisa concordar comigo sobre a natureza do bem-estar para concordar também sobre a importância de atingir nossos objetivos. Podemos deixar esses debates filosóficos para depois. Porque, não importa o que você pensa sobre o que seria uma boa vida, não importa como responde à antiga pergunta sobre a natureza do florescimento do ser humano, você terá que transformar isso em meta para alcançá-la. O caminho que trilhamos para ter uma boa vida – independentemente de como ela é definida – se dá através de metas, imaginando os planos para atingi-las e seguindo esses planos. Se você acha que o bem-estar do ser humano consiste em conquistar certos bens objetivos, como conhecimento, amizade ou uma relação com Deus, então precisa descobrir o que significa adquirir conhecimento, ser um bom amigo ou desenvolver uma relação com Deus e mirar nessas coisas em suas ações. Coisas que entram em conflito com esses objetivos e impedem as conquistas são ruins para você. Se você concorda com os hedonistas que a boa vida é apenas a prazerosa, então sua meta se resume a buscar prazer e evitar a dor. O conflito com essa meta frustrará sua tentativa de viver bem. Não importa qual seja sua forma de pensar sobre o florescimento ou o bem-estar do ser humano, você não pode se esquivar da importância das metas e do conflito entre elas.

A ABORDAGEM BÁSICA

Vivemos melhor nossa vida quando reconhecemos nossas metas finais mais importantes e basilares e encontramos formas de conquistar todas elas de maneira que se encaixem perfeitamente. Eu chamo essas metas finais mais importantes de "valores". Eu entendo os "valores" como alvos que são muito importantes para nós, aqueles nos quais pensamos quando refletimos sobre como está nossa vida. Se alguém pedisse a você neste exato momento para refletir sobre o estado da sua vida, no que você pensaria? Pessoalmente eu pensaria no que venho sentindo, meu humor, minha família, meu casamento, minhas amizades, minha saúde, meu trabalho, minha contribuição para as condições do mundo. Em seguida, faria uma avaliação de como as coisas estão caminhando para mim no geral, com base em como estão indo essas áreas da minha vida.[5] Essas coisas (felicidade, relacionamentos, formação, saúde) são meus valores. A vida está boa para nós quando exercemos nossos *valores*, e isso exige estratégias para lidar com conflitos sérios e inevitáveis. Essas estratégias nos permitem fazer o que é importante para nós e também chegar a um entendimento das questões que nos deixam confiantes de que estamos no caminho certo.

Essa abordagem básica compartilha algumas premissas com o Existencialismo, uma filosofia que enfatiza a escolha e a liberdade individual. O Existencialismo sustenta que não há valores absolutos externos impostos a nós, mas sim que as coisas são importantes porque importam *para nós*. Este livro também funciona a partir dessa premissa de que há valor no mundo porque há pessoas que valorizam as coisas, e o que precisamos fazer em vida é descobrir o que valorizar e como. Eu também compartilho da premissa existencialista de que nós temos alguma amplitude na escolha de metas e ações. Temos mais do que Sugar, a beagle, que é motivada inteiramente pelo seu desejo de ganhar lanches e conforto. O fato de termos certa autonomia sobre como entendemos, priorizamos e buscamos atingir nossas metas significa que há espaço para fazer melhores escolhas. Isso será um ponto importante ao longo do livro: conforme pensamos sobre nossas metas atuais e tentamos resolver conflitos entre elas, buscamos ao mesmo tempo novas formas de melhorar o nosso sistema de metas.

Eu concordo parcialmente com os existencialistas sobre a ideia de opção "radical". O Existencialismo prega que não há uma natureza humana essencial que restringe nossas escolhas, então devemos pensar em nós mesmos como fundamentalmente livres para escolher os valores que definem quem somos. Em vez disso, penso que nossas escolhas sobre valores são feitas no contexto de nossa psicologia de busca de objetivos e de nossa natureza humana altamente social e interdependente.[6] Não fazemos escolhas radicais porque nossas escolhas são limitadas pelo que somos. Voltando à metáfora que introduzi na seção "Roteiro", fazemos escolhas sobre quais plantas cultivamos em nossos jardins de acordo com nossos limites territoriais, média de chuvas, qualidade do solo, entre outros fatores. No momento em que somos capazes de refletir sobre nossos próprios valores e pensar em mudanças, já estamos profundamente moldados por nossa educação e cultura. Não faria sentido arrancar pela raiz tudo o que é importante para nós e começar do zero! Mesmo antes de sentirmos a influência da nossa cultura e formação, a maioria dos seres humanos tem fortes tendências inatas em valorizar coisas como relacionamentos, sentimentos de felicidade e atuação autônoma usando as próprias habilidades. Não podemos ser "guiados" por essas necessidades básicas da mesma forma que Sugar é guiada pelas dela, mas elas fornecem marcos para nossas escolhas. Como veremos, não há nada de ruim em termos marcos.

2
O QUE TARTARUGAS, CÃES E PESSOAS TÊM EM COMUM

Tenho certeza de que muitas mulheres já tiveram a experiência de procurar um par de sapatos para combinar com o vestido que compraram para usar em algum evento, como um casamento. Para mim, de qualquer forma, essa experiência, na verdade, é repleta de metas conflitantes. Quero sapatos que fiquem ótimos com o vestido, não machuquem os pés, não custem uma fortuna e possam ser usados novamente. Na verdade, são quatro metas diferentes! Quando vamos às compras, temos que equilibrar esses objetivos, sacrificando uma perfeição aqui para ter um pouco mais de satisfação ali. Se estamos totalmente relutantes em sacrificar qualquer coisa, poderemos acabar descalças no casamento (ou com um sapato velho e desalinhado que não combina com o vestido). Se nos sacrificarmos demais, nos arrependeremos por não termos gasto um pouco mais de tempo procurando. Mas normalmente esse tipo de conflito não cria um desafio enorme para nós. A meta principal (sapatos!) e os objetivos secundários (aparência, conforto, preço) estão razoavelmente claros e não despertam incerteza nem análise mais profunda. Esse cenário poderia mudar se você realmente não pudesse pagar por um par de sapatos novos ou se tivesse tantos pares que isso representaria um "problema".

Comprar implica conflitos relativamente fáceis. Há outros: O que eu vou almoçar? Quero algo saudável, saboroso e rápido, e tudo isso definitivamente gera conflito, considerando o que tenho na minha geladeira. Devo optar por papel ou plástico? Papel pode ser, ambientalmente, mais sustentável, mas plástico pode ser usado para recolher o cocô do cachorro. Os tipos de conflito que discuto neste livro não são fáceis – eles são "sérios" –, mas são semelhantes em duas características. Também podemos identificar objetivos ou características secundárias das metas envolvidas em nossos principais conflitos, e o seu equilíbrio é crucial para o sucesso. Em nossos conflitos cotidianos e fáceis, fazemos esse balanceamento sem pensar muito no assunto. Os conflitos difíceis exigem raciocínio, e é isso que vamos explorar no restante do livro. Não abandonaremos totalmente os conflitos mais simples. Às vezes, será útil analisarmos como as coisas funcionam em um caso simples antes de examinarmos um mais complexo.

O que torna os conflitos difíceis mais desafiadores do que os fáceis? Por que a vida não é como ir às compras? O ponto principal é que algumas metas são mais importantes para nós do que outras. Assim, nos preocupamos mais com elas e as colocamos mais alto na nossa hierarquia de metas. É fácil perceber isso. Para a maioria de nós, certificar-se de que as crianças estão bem alimentadas e vestidas é mais importante do que aprender a andar de skate e muito mais importante do que encontrar o sapato certo para um casamento. Estar financeiramente seguro é mais importante do que saborear um cheesecake. Evitar uma doença mortal é mais importante do que sair para beber. Temos diferentes tipos de metas, e nem todos têm o mesmo nível de importância. Não há nada de errado em querer sapatos, skate, cheesecake ou ir até um bar, mas essas metas são superadas pelas suas concorrentes. Quando metas importantes entram em conflito e não é fácil achar uma solução, temos um problema.

Outro fator que torna alguns conflitos mais difíceis de resolver do que o caso das compras tem a ver com as consequências de uma meta em relação às outras. Algumas têm maior impacto que outras. Se eu decidir não comprar sapatos para o casamento e aparecer vestindo sapatilhas desalinhadas, minha vida não será muito afetada. Meus amigos continuarão me amando. Eu não perderia meu emprego. Minha saúde não pioraria. Por outro lado, se eu abandonasse minhas metas de carreira porque elas entram em conflito com meu desejo de passar mais tempo com a família, haveria consequências muito significativas. Eu não teria uma renda, perderia minha identidade como professora e muitos dos meus relacionamentos profissionais sofreriam. Nada muda na minha vida quando escolho uma sacola plástica em vez de uma de papel, mas haveria grandes consequências se eu deixasse de cuidar da minha saúde. Eu não só viveria uma vida provavelmente mais curta (o que frustraria muitas das minhas metas de longo prazo), como também minhas amizades, que são parcialmente baseadas em uma comunidade esportista, se deteriorariam. Quanto mais consequências nossas metas causarem nas outras, mais difícil se torna o conflito.

Essas duas características – importância e impacto – estão presentes em diferentes graus em várias de nossas metas, especialmente naquelas relacionadas à nossa carreira e aos relacionamentos. Elas tornam os conflitos muito mais difíceis de resolver do que aqueles que enfrentamos quando vamos comprar sapatos.

A abordagem começa com a identificação das nossas metas mais importantes, que eu chamo de "valores".

Muito brevemente, neste momento, eu defino valores como objetivos importantes e finais que são relativamente bem integrados em nossa psicologia. Em outras palavras, eles representam metas que estão no topo da nossa hierarquia de metas e "definem" quem somos. Eu *valorizo* minha relação com meus pais. Ligar para cada um deles uma vez por semana é uma meta. Os melhores valores para nós são aqueles que podem ser atingidos ou realizados juntos ao longo do tempo, porque atingir nossos valores é necessário para vivermos uma vida boa. O conflito entre metas nos impede de atingir nossos valores e, portanto, de viver plenamente. Quero mostrar como a identificação dos nossos valores nos ajuda a gerenciar nossos conflitos de forma que eles não nos prejudiquem. Mas, primeiro, será útil termos mais detalhes sobre a natureza das metas e dos valores.

A PSICOLOGIA DAS METAS

O que são metas? Metas são basicamente representações mentais de onde queremos estar. É característica dos animais, incluindo seres humanos, querer coisas, pensar sobre como obtê-las. Nós tentamos, avaliamos nosso sucesso ou fracasso e fazemos isso repetidamente. Os psicólogos chamam essas criaturas de "sistemas autorregulados e direcionados a objetivos" ou – para aqueles que são fãs de ficção científica – "sistemas cibernéticos".[1] Para entender a ideia, pense na tartaruga Millicent, uma criatura autorregulada relativamente simples, mais simples do que meu beagle. Millicent vive em um riacho e deseja comer os morangos que crescem do outro lado da estrada. O morango é a meta, ou o "valor de referência". É chamado de valor de referência porque é usado como referência para determinar o que se deve fazer e se o curso de ação escolhido foi bem-sucedido. O valor de referência é a representação de uma melhoria em relação à situação atual: me sentirei melhor se estiver comendo um morango! O sistema de autorregulação também deve ter recursos para perceber como está a situação agora e comparar o valor de referência com o estado atual das coisas. Millicent percebe que atualmente não tem morangos para comer (esta é a "entrada" para o sistema) e vê que isso é menos desejável que "morango", o valor de referência dela. Millicent decide, então, seguir o caminho até a plantação de morangos (esse comportamento é a "saída"), onde poderá comer feliz para alegrar seu coração de tartaruga. O delicioso gosto das frutas e a ótima sensação de ter a barriga cheia tornam-se a nova entrada para o sistema. Sensações prazerosas são importantes para o processo de buscar metas: elas reforçam o aprendizado. O prazer é a recompensa por ter encontrado uma forma de atingir nossas metas. Millicent aprendeu que pode atravessar a estrada, que morangos são bons, e então surge uma nova meta (voltar para o riacho).

Antes de fechar este livro se sentindo decepcionado, deixe-me tranquilizar você esclarecendo que eu sei que não somos tartarugas. (Deixe-me também confessar que não conheço muito bem tartarugas, mas nada aqui depende dos detalhes do comportamento desses animais.) Os sistemas autorreguladores dos seres humanos são muito mais complicados. Os estágios do sistema autorregulador não necessariamente ocorrem nessa ordem linear organizada: podemos ter diversas metas que perseguimos ao mesmo tempo, e assim por diante. Mas essa simples fotografia proporciona um cenário que se mostrou muito útil para entender as metas: elas são representações de um estado melhor das coisas em comparação com o atual, um estado que é preferido ao *status quo*. As metas orientam nossas ações e nosso aprendizado com a experiência sobre como seguir em frente.

Essa imagem simples nos ajuda de duas formas. Primeiro, ajuda a explicar o que há de errado com o conflito. Metas conflitantes são a pedra no sapato de um sistema autorregulado de alcance de metas. Como você consegue escolher um curso de ação, avaliar sua eficácia e aprender com a experiência se estiver vivendo como em um cabo de guerra? O que acontece com Millicent se ela tem a meta de cruzar a estrada para comer morangos *e* a meta de ficar próximo ao riacho? Ela não pode fazer as duas coisas ao mesmo tempo. Felizmente, se Millicent for uma tartaruga bem resolvida, o conflito dela será facilmente solucionado. Como a fome dela aumenta e diminui, essas duas metas se intercalam na ordem de importância. Mas, se isso não acontecesse – se ela quisesse ficar e ir exatamente com a mesma intensidade o tempo todo –, ela seria como o mítico asno de Buridan, que morre de fome porque não consegue decidir entre comer o feno da esquerda ou o da direita. A tartaruga de Buridan provavelmente seria atropelada por um carro, ou ficaria estagnada no caminho, entre chegar aos morangos e voltar ao riacho.

O segundo benefício desse entendimento psicológico das metas é que nos permite compreender a importância das metas ocultas (inconscientes), que também serão muito importantes para o que veremos adiante. Metas não precisam estar acessíveis ao nosso processamento consciente. Seu cérebro pode representar uma situação como algo bom sem o reconhecimento explícito de que você tem uma meta. Essas metas e esses sentimentos psicológicos ocultos são vagos e difíceis de verbalizar, mas são influências importantes nos sistemas autorregulados que controlam nossas ações. Isso é esperado, dado o que já sabemos sobre o funcionamento do cérebro. Metas conscientes – como qualquer experiência consciente – usam nossa memória funcional, e a memória funcional é muito limitada se comparada à capacidade geral de nosso cérebro. Se todas as nossas metas fossem conscientes, nossa memória funcional estaria completamente sobrecarregada.[2]

Uma das fontes dessas metas inconscientes é nossa natureza evoluída de alcance de metas. Um perseguidor de metas, seja uma tartaruga, um beagle ou um ser humano, precisa ter algumas motivações para seguir adiante. Se estamos dispostos a ter metas, nos esforçar para atingi-las e aprender com nossas experiências, precisamos ter alguma motivação para explorar o mundo e sair da inação. Mas a curiosidade e a exploração, sem o respaldo da estabilidade, uma hora ou outra vão nos matar. Também precisamos de uma motivação interna para termos estabilidade e segurança. No entanto, estabilidade sem exploração acabaria nos matando de fome em nossa caverna. Precisamos de ambas as metas: um empurrão para explorar o mundo e um puxão para voltar ao lar. Nós, seres humanos, somos criaturas especialmente perseguidoras de objetivos *sociais* que precisam trabalhar juntos para sobreviver. Portanto, também desenvolvemos motivações para nos relacionarmos uns com os outros.[3] Esses objetivos evoluíram para novidade e emoção, conforto e segurança e associação com outras pessoas. Vou me referir a eles como nossas *motivações psicológicas básicas*. Elas serão importantes para o que está por vir, porque são o pano de fundo estável no qual podemos organizar nossas metas e valores para tornar nossa vida melhor.

Ninguém fica surpreso quanto à existência de forças inconscientes quando tratamos de nossas metas biológicas, como respirar, engolir e digerir. Esses processos não são conscientes. Aliás, somos gratos por isso: imagine se tivesse que se lembrar de respirar e digerir, além das pendências que você já tem na sua lista de tarefas! Mas as pessoas são mais resistentes à ideia da existência de forças ocultas quando se trata dos objetivos que perseguimos através de nossas próprias ações. Temos a tendência de ficar impressionados com nossos poderes de deliberação, escolha e planejamento consciente e racional. Os filósofos têm sido particularmente propensos a isso: Platão tinha a ideia de que nosso poder de razão era como um cocheiro sentado em cima de nossa cabeça e no controle dos nossos impulsos e sentimentos. Mas muitos de nós (não apenas os filósofos) gostamos de pensar em nós mesmos como se estivéssemos no controle de nossa vida, e não sendo puxados por forças abaixo da superfície.

Essa é uma evidência dos nossos poderes de enganar a nós mesmos pela nossa capacidade de manter uma autoimagem tão positiva, lastreada na influência das forças psicológicas ocultas em nossas ações. Pelo menos quando falamos sobre *outras* pessoas, os sentimentos ocultos que induzem as metas conscientes delas são bastante familiares para nós. Vemos que sentimentos ocultos de dúvida fazem com que as pessoas escolham objetivos menos ambiciosos ou desistam de seus sonhos. A vergonha faz com que elas evitem interações sociais, e o desejo oculto de aprovação faz com que escolham caminhos que agradem apenas os pais. A pandemia da Covid-19 nos ensinou algo sobre a importância de nossa necessidade de conexão com outros seres humanos. Na primeira vez que abracei um amigo, depois de ter abraçado apenas meu marido e meus cachorros durante cerca de seis meses, caí em lágrimas. E muitas pessoas que conheço ficaram surpresas ao descobrir que o alívio da pandemia e a volta da socialização nos deixaram delirantemente felizes por estarmos juntos. Sabíamos, claro, que sentíamos falta das coisas ao longo de meses, mas acho que nosso corpo sabia mais do que nós mesmos o quanto aquelas metas sociais foram frustradas enquanto estávamos em confinamento.

Às vezes, podemos ver a influência de metas ocultas em nossa própria vida, embora normalmente leve algum tempo para descobrir o que estava oculto. Há muitos anos uma amiga próxima chamou minha atenção dizendo que, em conversas sociais, eu era mais atenciosa com os homens do que com as mulheres. Como uma boa feminista, me senti imediatamente na defensiva. Mas ela era uma amiga confiável, que tinha algumas habilidades sociais, e foi cordial o suficiente para que eu deixasse a ideia se fixar na minha cabeça. Ao longo dos anos acabei percebendo que, embora nunca admitisse que tinha como meta prestar mais atenção no que os homens diziam, eu me comportava de um jeito que acabou revelando essa meta oculta. Assim que percebi isso, comecei a me reeducar para abandonar esse comportamento. Suspeito que isso não seja extremamente incomum (para homens ou mulheres). Pesquisas mostram que os homens falam mais do que as mulheres, ainda que as mulheres tenham *fama* de tagarelas.[4] Uma explicação para isso é que muitas de nós nos sujeitamos ao que os homens têm a dizer por um viés subconsciente e consideramos o que as mulheres têm a dizer como interferência nas coisas importantes.

Em suma, temos metas psicológicas inconscientes e outras forças ocultas que influenciam o que escolhemos fazer e como fazer. É fácil acreditar nisso quando falamos de outras pessoas, porque reconhecemos muitos exemplos. Dado que cada pessoa é um ser humano com um cérebro humano, deveríamos aceitar que isso também vale para nós.

Antes de ir em frente com os valores, gostaria de abordar uma preocupação que alguns leitores podem ter neste momento. Você pode estar preocupado com o fato de que essa simples descrição de seres humanos como criaturas focadas em metas é muito "tipo A". As pessoas do tipo A são focadas nos objetivos, *workaholics* de alto desempenho e obcecadas com a gestão do tempo. O foco nas metas pode se parecer com o foco na conquista ou com o "fazer as coisas acontecerem". Nota de esclarecimento: algumas vezes fui acusada de ser do tipo A. Talvez eu tenha acabado de escrever um livro para pessoas como eu! Mas não penso assim. O foco em nossa natureza de alcance de metas será limitado dessa forma somente se nossas metas forem igualmente limitadas. Metas são nossa representação de como gostaríamos que as coisas fossem, portanto podem incluir todo tipo de coisas que não são do tipo A. Sua meta poderia ser passar mais tempo "vivendo o momento", fazer uma pausa no trabalho e relaxar com os amigos ou, de fato, tornar-se menos o tipo A.

VALORES: UM TIPO ESPECIAL DE OBJETIVO

Sendo assim, metas são estados desejáveis de coisas que servem como alvo para nossas ações e um padrão para avaliar se elas foram bem-sucedidas. Quando duas metas entram em conflito, significa que atingir uma delas implica não atingir a outra. O que podemos fazer com o conflito? Grosso modo, assim que identificamos nossas metas e percebemos o conflito, o que precisamos fazer é priorizar e assumir o compromisso. Podemos ver isso em nosso caso de compra de sapatos: a menos que eu tenha muita sorte, precisarei descobrir quanto conforto estou disposta a sacrificar em troca da beleza e do custo, e vice-versa. Ou pense no almoço. Quero comer algo saudável, saboroso e disponível. Para minha tristeza, sabor e saúde muitas vezes me puxam para lados opostos. Ser diabética e adorar cheesecake e chocolate não é fácil! Muitas vezes decido priorizar a saúde, então escolho a opção mais saborosa disponível dentre as coisas que não são terríveis para mim. Mas, em outras situações, coloco o sabor em primeiro lugar e desprivilegio significativamente a saúde. De qualquer forma, estou fazendo concessões. Concessões diferentes, dependendo da ocasião.

Até nos casos mais simples que envolvem compras e comida pode ser complicado priorizar e se comprometer. Qualquer pessoa que já tenha se afundado nas compras on-line sabe disso. Nos casos mais complexos, nos quais as metas são mais importantes e trazem mais consequências, as coisas são muito mais difíceis. Quando estamos lidando com conflitos entre carreira e família, religião e política, trabalho e lazer, entre outros, às vezes não temos sequer a clareza sobre o que são nossas metas primárias e secundárias. Priorizar e se comprometer também será muito mais desafiador quando tratamos dessas metas mais amplas e importantes. Em compras ou alimentação, temos um ponto de partida: queremos sapatos ou queremos comer. Com os principais conflitos da vida, nem mesmo temos certeza do que queremos.

Precisamos de um lugar para começar, e eu proponho que esse lugar comece com nossos *valores*. Valores são nossas metas mais importantes. Eles ajudam com os conflitos entre as metas porque nos dizem o que devemos priorizar e o que devemos fazer em nossos esforços para nos comprometermos.

O que são valores? Para entendermos, podemos começar pensando no que significa valorizar algo. Se você é como eu, provavelmente valoriza suas amizades. O que isso envolve? Em suma, envolve desejos, emoções e pensamentos. Valorizar amizades significa que eu quero passar tempo com meus amigos. Me sinto feliz quando eles estão por perto e triste quando não posso vê-los. Acho que a amizade é importante para o meu bem-estar e penso que deveria planejar minha vida de forma a criar espaço para a amizade. Esses três elementos – desejos, emoções e pensamentos – são importantes para a valorização no grau mais elevado. O que pensamos sobre uma amiga que diz que a amizade é realmente importante para ela, mas nunca faz uma ligação ou reserva um tempo para nós quando queremos sair? Ou alguém que amava passar um tempo com os amigos, mas depois diz que acha um desperdício de tempo e deveria dedicar esses momentos à própria carreira? Em ambos os casos, há algo errado. No melhor cenário, a valorização reúne ou harmoniza nossos desejos, emoções e pensamentos sobre o que torna nossa vida melhor.

Valores também são finais, não instrumentais. Isso quer dizer que o que identificamos como nossos valores – tais como amizade, segurança, trabalho significativo, compaixão – provavelmente são coisas que queremos pelo seu valor intrínseco, e não por qualquer outro fator essencial. Eu adoro quando meu marido tira o lixo e conserta o pneu da minha bicicleta, mas não valorizo nossa relação apenas como um meio para me livrar do lixo ou conseguir sair para pedalar. Se você valoriza sua família, não é apenas porque eles ligam no seu aniversário ou preparam um jantar no Natal. Alguns de seus desejos, emoções e crenças sobre a importância deles são direcionados especificamente a eles, não ao que podem fazer por você.

Assim, valores são metas finais que harmonizam nossos desejos, emoções e pensamentos. Como os valores são importantes e integrados em nossa psicologia, eles tendem a ser razoavelmente estáveis. Isso não significa que nunca podemos mudá-los, mas eles tampouco são efêmeros. Faz sentido, porque a maioria de nossos valores exige algum compromisso para extrair o que há de bom neles. Precisamos dedicar tempo e esforço para construir uma ótima amizade, por exemplo. E muitas atividades valorizadas, como música, esportes ou arte, exigem o desenvolvimento de nossas habilidades para apreciar seu verdadeiro valor.

Vale lembrar que nem sempre existe uma linha definida que separa nossos valores finais dos nossos objetivos instrumentais, sendo mais parecida com uma continuidade, mas podemos identificar alguns casos paradigmáticos em ambos os lados. Metas de compras são instrumentais. Em geral, não queremos sapatos só porque são sapatos. Queremos sapatos para nos sentirmos bonitas, socializar, causar boa impressão, ter conforto ou dançar sem sem nos machucarmos. A meta de ganhar muito dinheiro também é paradigmaticamente instrumental. A menos que tenha algum tipo de transtorno, você não quer acumular um monte de notas de cem dólares. Na verdade, o que importa é o que o dinheiro pode comprar. Do outro lado do espectro, os relacionamentos com as pessoas que amamos são paradigmaticamente valores finais. Pessoas não valorizam os filhos pelo que podem fazer por seus pais. Elas os valorizam simplesmente pelo que são. A saúde está no meio. Algumas pessoas se preocupam com a saúde apenas instrumentalmente. Elas querem estar saudáveis para poder fazer outras coisas. Mas muitas valorizam a saúde pelo que ela representa, para além do que ela permite que façam.

Ainda que não tenhamos linhas bem definidas, existe um sistema. Pense em todas as suas metas, dos valores mais significativos aos caprichos mais triviais, como uma espécie de teia ou rede. Alguns desses fios são muito fortes e seguram outras partes da rede. Para muitas pessoas, a família é um desses valores. Ela envolve desejos, emoções e pensamentos, e isso dá significado para diversas coisas que fazemos. Ao romper um desses fios principais, muitas outras coisas seriam afetadas. Se eu deixasse de me importar com minha família, tantas coisas mudariam em minha vida que eu mal me reconheceria ao final do processo. Outros fios são finos e não estão conectados com muita força. Meu desejo por sapatos para um casamento funciona assim. Está levemente conectado ao meu desejo de não ter dor nos pés e ao desejo de ter uma boa aparência, mas não afetaria muito a minha vida se eu desistisse de procurar sapatos novos.

Se você acha que a metáfora da rede é útil, pode pensar na jornada para entender o que é importante como uma jornada para entender sua rede de valores, metas, desejos, emoções e pensamentos: como os fios estão dispostos, o que os mantém ligados, o que ameaça a coesão deles. Como metáforas diferentes afetam pessoas diversas, para aqueles que têm o dom da jardinagem, deve-se pensar em uma jornada para aprender mais sobre jardins: quais plantas você tem, como elas combinam estética e botanicamente, quais ameaças transformariam seu jardim em um campo de ervas daninhas.

Os valores, portanto, são metas relativamente estáveis, importantes e finais que incluem nossos desejos, emoções e pensamentos. Por causa disso, eles organizam como vivemos nossa vida, nos dão um senso de quem somos e representam o que pensamos quando refletimos sobre o estado de nossa vida. Se reservar um tempo para pensar se sua vida está indo bem ou mal, provavelmente acabará pensando nas diversas coisas que mais importam para você: "Pois bem, meus filhos estão saudáveis e eu amo meu trabalho, então as coisas estão indo muito bem" ou "Meu trabalho está acabando comigo, mas eu ainda tenho saúde e amigos que me amam, então minha vida está razoável apesar de tudo". Essas avaliações familiares se referem a valores, tais como família, trabalho, saúde e amizade, como padrões para avaliar como está sua vida.

SERIAM ESSES OS VALORES CORRETOS?

Agora que sabemos o que são valores, podemos perguntar de novo: por que eles são importantes? A resposta fácil é que eles "apenas importam". Como eu os defini, valores simplesmente *são* metas que importam para nós. Mas essa resposta desvenda uma questão filosófica mais profunda: como sabemos se aquilo que é importante para nós realmente importa? Como saber se temos os valores certos? Não deveríamos começar com o que é realmente *bom* em vez de começar com aquilo que eventualmente valorizamos? De fato, não é isso que os filósofos supostamente nos diriam?

Para responder a esse desafio, deixe-me fazer outra pergunta: Se eu lhe dissesse o que importa, você acreditaria em mim? Se eu dissesse que o que realmente importa é dedicar a própria vida ao ensino da filosofia, ou que as coisas mais valiosas na vida são um casamento duradouro e as companhias caninas, aqueles que fizeram coisas na vida diferentes das que eu fiz na minha teriam todo o direito de dizer "Não, obrigado". Esses valores são específicos demais para serem a resposta para todos. Por outro lado, se eu disser que o importante na vida é provar que você é melhor do que todo mundo, ou que a coisa mais importante na vida é acumular o máximo de dinheiro que você puder, quase ninguém acreditaria em mim. O problema com essas respostas não é sua especificidade, mas a orientação completamente equivocada. Que tipo de resposta você aceitaria? Precisaria ser uma que fizesse sentido para você, o que significa – surpresa! – algo que se encaixe nos valores que você já tem.

Existe um filme de 1983 do Monty Python sobre o sentido da vida (*O sentido da vida*), em que Michael Palin abre o envelope que contém a resposta para a pergunta do filme e informa aos espectadores: "Bem, não é nada muito especial. Tente ser legal com as pessoas, evite consumir gordura, leia um bom livro de vez em quando, caminhe um pouco e tente viver em paz e harmonia com as pessoas de todas as crenças e nacionalidades". Uma coisa engraçada sobre essa passagem é que realmente não é muito especial, mas também há algo profundo nisso. Ser legal com as pessoas, cuidar da saúde, fazer algumas coisas agradáveis e interessantes e viver em paz e harmonia. O que mais uma boa vida haveria de ser?

O ponto aqui é que não há outro lugar por onde começar, exceto com o que importa para nós. Não consigo persuadir você com alguma teoria nova e excêntrica sobre a boa vida que seja totalmente desconectada do que já é importante para você. Se eu recomendar algo que entenda como sem significado ou ruim, você não acreditará em mim quando eu disser que é uma coisa boa. Temos que começar com nossas preocupações, com coisas que importam para nós, nossos *valores*. Mas isso não significa que tudo o que você pensar a respeito daquilo que é importante está exatamente correto. Temos que começar do ponto onde estamos, mas podemos melhorar a partir daí.

A pergunta a respeito de termos ou não os valores certos de fato tem duas versões. Uma versão da pergunta é se os valores que temos correspondem a certos valores objetivos e universais, tais como os valores morais de justiça, dignidade humana ou felicidade plena. Certamente essa é uma pergunta filosófica importante, mas, na verdade, não é o tema deste livro.

A outra pergunta é se temos os valores certos *para nós,* dadas as nossas circunstâncias e a nossa personalidade. Essa pergunta *é* o tema deste livro. Como veremos, não necessariamente quaisquer que sejam as metas e os valores que você tenha são os melhores nesse sentido. É improvável que estejamos completamente errados sobre família, trabalho, saúde e amizade, mas esses valores básicos e genéricos são entendidos e priorizados de formas diferentes. Podemos melhorar a forma como entendemos a busca bem-sucedida de nossos valores, como decidimos buscá-los e como priorizamos uns em relação aos outros. De fato, *precisamos* fazer isso e somos pressionados a agir quando encontramos conflitos.

Perceba que já temos uma ideia sobre o que significa termos valores melhores e piores nesse segundo sentido (melhores *para nós*). Primeiro, alguns deles têm mais harmonia psíquica. Eles são mais integrados em nossas personalidades e se ajustam melhor à nossa natureza humana. Esses valores são melhores para nós porque o conflito interno é um obstáculo para a realização. Além disso, alguns deles combinam melhor entre si. Valores e objetivos melhores são aqueles que podemos conquistar juntos de alguma forma satisfatória.

Obviamente, é possível que algumas pessoas que estejam começando do ponto onde estão não conseguirão chegar a um bom destino por conta própria. Vamos considerar essa possibilidade ao longo do livro quando falarmos sobre mudança radical. Também é possível que algumas pessoas, dependendo de onde começarem, chegarão a um lugar muito ruim do ponto de vista da primeira pergunta sobre valores morais. No entanto, esse não é o principal tema do livro. Abordaremos a questão dos valores morais no capítulo 8.

Por enquanto, vamos deixar essas preocupações de lado e dedicar nossa atenção para como podemos ajustar nossas metas e resolver nossos conflitos de uma forma que melhore nossa vida. Para começar, precisamos saber quais são nossos valores e metas.

3

QUAIS SÃO NOSSOS VALORES... E QUAIS DEVERIAM SER?

Todos sabemos quais são nossos valores, correto? Eu tenho conversado como se meus próprios valores fossem bastante óbvios e bem resolvidos: família, amizade, filosofia, ser uma pessoa legal, saúde e felicidade. Ainda assim, uma vasta e ótima literatura, bem como uma onda recente de pesquisas da psicologia, sugere que provavelmente não saibamos quais são nossos próprios valores e metas tão bem quanto imaginamos.[1] Pense em quanto tempo levou até que Elizabeth Bennet descobrisse que amava o sr. Darcy na obra *Orgulho e preconceito*, de Jane Austen. "Como eu fui desprezível!", chorou, pouco depois de rejeitar friamente seu pedido de casamento. "Eu, que tanto me orgulhava do meu discernimento... Como essa descoberta é humilhante!... Até este momento, eu não conhecia a mim mesma."[2] Somente depois que o sr. Darcy foi embora ela entendeu que a sua relação com ele era exatamente a combinação intelectual que ela desejava.

Apesar de nossa presumida confiança de que sabemos o que valorizamos, arrisco dizer que esse tipo de experiência é familiar para a maioria dos leitores. Podemos nos surpreender ao notar o quanto algo é significativo quando ele é tirado de nós. ("Você não sabe o que tem nas mãos até perder", como diz a música.³) Isso não soaria verdadeiro se estivéssemos sempre perfeitamente informados sobre nossos próprios valores. Temos a sensação de que sabemos o que é importante para nós, nos termos vagos e gerais que podem aparecer em um questionário do tipo "Quais são seus valores?". Mas há outra sensação em que muitas vezes descobrimos que nos enganamos ou desconhecemos: nem sempre sabemos exatamente o que importa, como ou quanto.

Uma explicação para isso é algo que já falamos: a onipresença de metas ocultas. Existem estados de coisas que nosso cérebro representa como desejáveis e nosso corpo tende a perseguir, mesmo que não sejam o foco de nossa atenção consciente no momento. A luz da nossa atenção não pode iluminar todas as nossas metas ao mesmo tempo. Também é verdade que as pessoas são diferentes em termos de consciência em relação às suas metas. As que passaram por aconselhamento ou coaching de carreira podem ter uma ideia muito clara, enquanto outras que não pensaram muito nisso podem ter apenas uma vaga noção. Este capítulo é dedicado a esses dois tipos de pessoa. Se você já é muito reflexivo sobre suas metas, provavelmente sabe que é um processo contínuo. Se você não é assim, talvez já tenha experimentado as consequências dos conflitos de valores e (espero que) tenha visto o benefício de lidar com esses conflitos identificando o que é mais importante para você.

Nenhum de nós (mesmo aqueles que têm uma propensão para a reflexão) tem um conjunto detalhado de valores bem definidos guardados no cérebro esperando ser descobertos. Em vez disso, vivemos nossa vida com uma noção geral das coisas com as quais mais nos importamos e uma vaga ideia do que significa ter sucesso. Nossos valores gerais indefinidos — trabalho, família, amizade, arte, criatividade, esportes e assim por diante — estão abertos à interpretação. Que tipo de trabalho? Família em que sentido? Amizade com quem? Apreciar ou tocar uma música? Esportes coletivos ou individuais? Criatividade para quê? Podemos responder a essas perguntas de diversas formas, tornando mais fácil ou mais difícil atingir o sucesso. Como mencionei no "Roteiro", o processo de se tornar mais específico sobre o que é importante, de que forma e com que intensidade trata-se tanto de entendimento quanto de melhoria.

Por que precisamos de um melhor entendimento de nossos valores e metas? Por que não podemos misturar tudo? Isso poderia funcionar de certa forma, até termos um conflito de metas, uma crise ou um problema. Quando enfrentamos desafios, ser mais específico ajuda.[4] Se fizermos bem isso, poderemos ver o que está em jogo em nossas escolhas. Quando reconhecemos isso, podemos refinar nossas metas e nossos valores de forma a promover uma maior realização. Então, como fazemos isso? Eis algumas sugestões:

Cinco estratégias para entender e melhorar seus valores e metas

1. Introspecção
2. Estratégia do rato de laboratório
3. Reflexão guiada
4. Aprendizado com os outros
5. Exploração

Antes de nos aprofundarmos, gostaria de me antecipar a uma possível incompreensão desse processo. Descobrir o que importa para você não está limitado a olhar para o próprio umbigo. Conforme você pensa no que é importante para você e por quê, é preciso pensar não só em si mesmo, mas também nos próprios valores. Por exemplo, se eu refletir sobre o que o valor do "trabalho" significa para mim, pensarei sobre *como é o trabalho* e o que ele realmente conquista. Esse ponto é bastante óbvio na quinta estratégia que discutiremos a seguir, mas, até mesmo em uma simples introspecção, nossas percepções sobre o que valorizamos serão alimentadas pelos nossos pensamentos sobre os valores em si. Além disso, não conseguimos entender o que é importante apenas pensando nisso. Precisamos fazer as coisas, sentir, reagir, aprender com a experiência. Se ficarmos parados pensando o tempo todo, não teremos as informações certas para nossa reflexão.

INTROSPECÇÃO

A forma mais básica de introspecção exige que você simplesmente pergunte a si mesmo: o que eu valorizo? Não é um lugar ruim para começar, e podemos complementar isso com alguns experimentos de raciocínio. Por exemplo, você poderia pensar no que tiraria de sua casa se houvesse um incêndio e tivesse que sair rápido de lá. Presumindo que meu marido pudesse sair de lá sozinho, eu tiraria os cães, meu notebook, álbuns antigos de fotos da família e algumas joias que pertenciam à minha avó. Depois de cuidar das criaturas vivas do seu lar, esta forma de pensar prioriza coisas materiais (e pequenas), porque é o que conseguimos carregar. Perceba, no entanto, que provavelmente são coisas materiais com valor estético especial ou conexões com algo mais significativo que o objeto em si. Meu notebook tem todos os meus trabalhos. Os álbuns de fotos e as joias da minha avó representam conexões com a família e os amigos. Então, podemos aproveitar alguns entendimentos aqui.

O melhor experimento de pensamento para nos direcionar aos nossos valores pode ser o seguinte: pense no que você priorizaria se precisasse se mudar e tivesse o luxo de poder escolher para onde ir. Quais são as coisas em que você pensaria se tivesse que deixar sua casa atual e morar em outro lugar? Quando eu estive de fato nessa posição, pensei na hipótese de estar próximo dos amigos e da família no novo lugar, em como era o ambiente político, em como seria o trabalho, as oportunidades para trilhas, ciclismo, caminhada, em suma, se eu acreditava que seria feliz por lá. Isso de fato é uma boa representação dos meus valores. Na verdade, a lista de valores da maioria das pessoas inclui família, amizade, saúde, trabalho e felicidade. Fé, música, esportes e voluntariado também farão parte de muitas listas.

São todos exemplos de coisas que valorizamos fazer, ter ou buscar. Também valorizamos as formas de *ser*. A maioria de nós valoriza a honestidade e a gentileza, ou talvez apenas o ato de "ser uma boa pessoa". As pessoas também valorizam qualidades como espontaneidade, criatividade, integridade, resiliência ou ser alguém divertido. O experimento de pensamento correto aqui poderia ser o de quais qualidades você gostaria de preservar se a sua consciência fosse transferida para outro corpo! Se me dissessem que um transplante de consciência seria a única forma de eu sobreviver, com quais traços de personalidade atuais eu estaria mais preocupada? Ou o que eu mudaria se houvesse um meio de transporte para isso? Pessoalmente, gostaria de garantir que meu novo eu tivesse integridade e senso de humor. Não me importaria se o chefe do meio de transporte pudesse editar minha tendência de ser ansiosa com coisas triviais.

Podemos ter algum avanço com esses experimentos de pensamentos, mas a introspecção é uma estratégia limitada. Um dos problemas é a quantidade enorme de coisas (emoções, lembranças, pensamentos, desejos e assim por diante) que estão fora do alcance de nossa memória funcional quando paramos para pensar. Esse problema é agravado por preconceitos e hábitos de autoproteção que interferem em nosso reconhecimento dos fatos quando nos deparamos com eles.[5] Podemos ver esse problema mesmo no simples caso da compra. Gosto de me ver como alguém que não se importa com a própria aparência mais do que com a saúde dos pés. Mas as minhas compras anteriores de calçados indicam que talvez isso não reflita a realidade com exatidão. Já comprei sapatos desconfortáveis porque eram fofos e estavam em liquidação e às vezes, convenhamos, só porque eram fofos. Se eu fizer uma simples introspecção – do tipo "Quais são minhas prioridades para sapatos?" –, o conforto estará no topo da lista. A introspecção pode funcionar melhor em me dizer sobre a pessoa que quero ser do que sobre a pessoa que sou.

Vejamos outro exemplo. Sempre disse a mim mesma que não sou uma pessoa competitiva. Na verdade, sou menos competitiva do que meu marido, o que torna mais fácil me ver como alguém que não se importa se ganha ou perde um jogo. Certa vez, desisti de uma ótima mão em um jogo de pôquer para deixar alguém ganhar, porque ele estava apenas aprendendo a jogar e me senti mal por ele. Geralmente evito jogos competitivos. Prefiro esportes solitários a esportes coletivos. Todas essas coisas entraram na minha história sobre mim mesma como alguém que não se importa em vencer. Recentemente, porém, tive algumas experiências que me fizeram duvidar dessa história. A mais óbvia foi quando eu estava na casa de alguns novos amigos que sugeriram um jogo. "Claro", eu disse, "mas não sou muito competitiva", e os dois caíram na gargalhada. Certamente eles pensaram que eu estava brincando. Essa e algumas experiências semelhantes me fizeram reinterpretar um pouco da minha história. Talvez eu evite jogos competitivos não porque não gosto de jogar, mas porque não gosto de perder. Talvez a razão de eu não ter parado de falar sobre deixar aquele cara ganhar no pôquer 25 anos atrás seja porque eu realmente me *importei* em ter perdido a mão.

A introspecção de fato revela apenas a ponta do iceberg, e minha competitividade foi enterrada pelas coisas que eu disse a mim mesma e pelo meu desejo de me ver de uma certa maneira. Portanto, há pelo menos dois problemas com essa prática: há muita coisa que não está disponível para a atenção consciente, e temos hábitos de autoproteção que interferem no reconhecimento dos fatos.

Se a introspecção é limitada dessa maneira, o que podemos fazer além de apenas refletir sobre nossos valores?

ESTRATÉGIA DO RATO DE LABORATÓRIO

Se quiséssemos conhecer as hierarquias de objetivos de um animal, observaríamos seu comportamento e suas reações ao ambiente e pensaríamos no que sabemos sobre sua natureza (como evoluiu, por exemplo). Se você tem animais de estimação, provavelmente está familiarizado com esse modo de investigação. Sua cachorra está feliz? Bem, ela está gostando da comida e animada para passear? Está se esquivando e tendo acidentes em casa? Pelo que você sabe sobre as necessidades dos cães, as dela estão sendo atendidas? Os seres humanos têm hierarquias de objetivos mais complicadas do que os cães, mas ainda somos animais e evoluímos para ter certas necessidades. Essa pode ser uma perspectiva útil a ser adotada.

    Se estivéssemos estudando ratos, a primeira coisa que gostaríamos de saber é alguma informação geral sobre como eles são: suas necessidades básicas, interesses e habilidades. Também não é um ponto de partida ruim quando o assunto somos nós mesmos. Alguns objetivos são tão básicos para os seres humanos que a maioria de nós simplesmente não consegue evitá-los. Eles se tornam fios grossos de uma teia antes de termos idade suficiente para pensar sobre nossos valores. Aprendemos nossos valores mais básicos com a experiência. Como aprendemos que é bom para nós sermos alimentados e aquecidos? Comemos e nos sentimos bem. Ficamos aquecidos e gostamos disso. Vemos mamãe ou papai e nos sentimos felizes. Essas são nossas primeiras experiências com valores. Lembre-se de que valorizar algo é, em parte, desejar aquilo e sentir-se positivo a respeito. Portanto, quando aprendemos o que causa esses bons sentimentos, estamos moldando nossos valores. Quando bebês, aprendemos que a segurança é boa: sentir-se confortável, seco e com a barriga cheia são coisas boas. Aprendemos também que é muito bom ter outras pessoas por perto. Elas não apenas nos trazem coisas que queremos, como também são calorosas e reconfortantes. Aprendemos também que explorar é divertido: é muito gostoso pegar objetos e colocar coisas novas na boca. À medida que começamos a fazer várias coisas, experimentamos a alegria de agir por conta própria e fazer essas coisas com sucesso. É um momento emocionante quando você pode finalmente alcançar aquele brinquedo pendurado no berço! Antes que possamos pensar em valores, nossa teia de valores está sendo construída com afiliação, autonomia, competência, segurança e exploração representando alguns fios básicos.

A ideia de necessidades humanas básicas fará com que algumas pessoas pensem na hierarquia de necessidades de Maslow.[6] Abraham Maslow foi um psicólogo americano que postulou um conjunto de necessidades que vão desde as fisiológicas de ar, água e comida até as mais pretensiosas necessidades de "autorrealização" para alguém atingir todo o seu potencial. No meio, Maslow postulou necessidades de segurança, pertencimento e estima. Sua ideia era de que nós, humanos, devemos ter nossas necessidades de nível inferior satisfeitas antes de podermos pensar em satisfazer as de nível superior. Isso faz sentido: você não pode pensar em atingir todo o seu potencial se estiver morrendo de sede. Esse ponto é muito importante quando estamos pensando em como ajudar aos outros. As pessoas que estão lutando para alimentar a si mesmas e seus filhos ou para encontrar uma moradia segura sofrem de maneiras que uma sociedade justa e compassiva deveria consertar. No entanto, quando estamos tentando descobrir nossos próprios valores, não tenho certeza se é útil pensar na hierarquia de Maslow. Quanto a mim, acho que meus valores abrangem a hierarquia e que as metas de nível inferior se misturam com as de nível superior. Por exemplo, minhas amizades e meus relacionamentos familiares (nível médio) me dão uma sensação de segurança (nível inferior) e também me permitem realizar todo o meu potencial como uma boa amiga ou uma filha carinhosa (nível mais alto).

Eu acho que é útil pensar nas necessidades que evoluímos para ter. Isso nos aponta para objetivos que quase certamente temos, quer reconheçamos, quer não. Muitos psicólogos que pesquisam sobre o bem-estar e a felicidade propõem listas de necessidades humanas básicas, que incluem relacionamentos, autonomia, competência, segurança, exploração, vitalidade e prazer.[7] Essas necessidades são "básicas" não no sentido de estarem na base de uma hierarquia, mas por serem persistentes e mais ou menos universais. E, se pensarmos em nosso desenvolvimento do ponto de vista da evolução de criaturas que buscam objetivos, como discutimos no capítulo 2, isso faz sentido. Criaturas como nós, autorreguladas que buscam objetivos, terão algumas *motivações psicológicas básicas* para explorar o mundo, encontrar segurança e se afiliar a outras pessoas. Faz sentido que tenhamos uma necessidade básica de autonomia, que é a capacidade de comandar nossa própria vida. A autonomia nos permite explorar o mundo e determinar as ações que nos ajudarão a atingir nossos objetivos. Também faz sentido que tenhamos necessidade de competência, entendida como as habilidades necessárias para fazer o que queremos fazer. Em suma, há muita sobreposição e concordância sobre nossas necessidades e nossas motivações humanas básicas.

À medida que nos tornamos adultos reflexivos, essas motivações básicas assumem uma forma mais específica. Adicionamos uma camada de julgamento ao processo para que as coisas que queremos e amamos também se tornem as que escolhemos, planejamos e acreditamos que sejam boas para nós. A necessidade de explorar torna-se um interesse de aprender um novo idioma. A necessidade de segurança torna-se um desejo de ter uma casa e um jardim. A necessidade de afiliação torna-se o amor dos amigos, e assim por diante.

Dessa forma, podemos aprender algo sobre nossos sistemas de valores compreendendo a nós mesmos como seres humanos.

Essa perspectiva não apenas nos ajuda a identificar nossos valores como também a reconhecer conflitos e ver o que pode estar faltando. Os conflitos sérios surgem quando temos objetivos que frustram esses desejos humanos fortes e duradouros de estar em relacionamentos, tomar nossas próprias decisões, usar nossas habilidades, aprender coisas novas, sentir-nos bem e assim por diante. Reconhecer a importância inata dos relacionamentos, por exemplo, é útil para ver o que está em jogo na decisão de aceitar um emprego que troque salários mais altos por proximidade com os amigos. E entender a necessidade humana básica por novidade e exploração nos dá uma perspectiva útil sobre os custos de ficarmos confinados em casa por meses a fio.

O apelo à nossa natureza humana, por mais útil que seja, não é suficiente. Isso ocorre porque cada um de nós interpreta esses valores mais abrangentes e gerais dados pela nossa natureza humana de formas diferentes. Então, a segunda coisa que queremos saber quando estudamos a nós mesmos como se fôssemos ratos de laboratório é de que forma cada um de nós é único. Qual a forma assumida por essas necessidades humanas básicas em *sua* vida ou na minha? De que maneira *você* se importa com os relacionamentos? Valores abstratos como "relacionamentos" são acompanhados por valores muito mais específicos que dão sentido à abstração. Valorizar a amizade significa valorizar alguns amigos específicos. Valorizar a família significa valorizar seus relacionamentos com algumas pessoas específicas. Valorizar o sucesso significa valorizar o sucesso em alguma atividade específica. Temos que ser específicos para saber como agir de uma forma que nos permita ter sucesso alinhado aos nossos valores. Também devemos saber como priorizamos os diversos valores que temos. Precisamos saber que tipos de objetivos e motivos ocultos estão operando em segundo plano. Devemos saber onde estão os conflitos. Devemos saber mais sobre nós mesmos além do fato de que somos seres humanos.

Para ver como os ratos de laboratório diferem uns dos outros, temos que observar seu comportamento e como cada um responde ao ambiente. Podemos usar esse método em nós mesmos. Podemos tentar obter uma perspectiva externa e perceber como reagimos à forma como perseguimos nossos valores atualmente. Pela minha própria experiência, quando estou mais estressada por conflitos em minha vida, meu corpo reage pegando resfriados, apresentando sintomas de refluxo gástrico e causando dores de cabeça. Esse é um fenômeno conhecido: o estresse causa doenças físicas.[8] O estresse também pode causar "humores misteriosos negativos" (uma das melhores frases que aprendi lendo pesquisas psicológicas), que podem nos dar pistas sobre objetivos ocultos disfuncionais.[9] Basicamente, o estresse faz você se sentir chateado, um sinal de que seus objetivos não estão funcionando para você. O esgotamento é outra maneira pela qual a experiência nos diz que algo está errado em nossa rede de valores. Sentir-se esgotado geralmente é uma evidência de que estamos dedicando energia demais para um objetivo – geralmente trabalho, cuidar de crianças ou de idosos – e ignorando todo o resto. Se você interpretar seus valores de uma forma que não seja sustentável, que não se adapte à sua personalidade ou não seja compatível com seus outros compromissos, você pode se esgotar, mesmo que não fique fisicamente doente.

A doença e o esgotamento são duas maneiras pelas quais a realidade se intromete para nos dizer que nossos valores não estão funcionando para nós. Tédio e fluxo são outras duas. Uma das coisas que aprendi aconselhando alunos universitários é prestar atenção ao tédio. Essa emoção desagradável está associada à incapacidade de se concentrar e à falta de interesse. Se você está fazendo algo que consistentemente distrai a sua mente ou faz com que seus olhos se fechem, provavelmente sua paixão não está ali. Claro, a maioria de nós precisa fazer algumas coisas que achamos chatas, mas, se estamos tentando identificar o que realmente valorizamos, o tédio é uma boa pista de que ainda não o encontramos.

Acho que o tédio é uma evidência importante sobre nossa rede de valores e realização. O tédio torna mais difícil cumprir nossos objetivos porque é essencialmente desmotivador. Para dar um exemplo bastante trivial, pense no último livro que você achou chato. Sou alguém que sempre pensou (pelo menos até muito recentemente) que deveria terminar de ler qualquer livro que começasse, então li muitos livros chatos. Demoro uma eternidade para terminá-los, e isso me impede de ler outros livros que me agradariam mais. O tédio também abala nossa confiança em nossos valores, pois não contribui para uma boa narrativa sobre o motivo por que realmente importa algo que valorizamos. Para muitas das coisas que fazemos, "eu gosto" é uma resposta suficiente para a questão de por que seriam uma coisa boa a fazer. Por que você cozinha, faz jardinagem, palavras cruzadas ou vegetais em conserva, joga sinuca, participa de provas de 10 quilômetros? Prazer, engajamento e diversão são boas respostas. "Porque é uma chatice" não é uma boa resposta.

Em defesa do tédio, alguns pesquisadores argumentaram que ele traz benefícios importantes. De fato, um artigo recente em uma revista popular de psicologia instiga seus leitores a "abraçar o tédio".[10] O tédio, sugere o artigo, cria espaço para devaneios criativos e nos motiva a buscar novos objetivos. Concordo que a sensação traz alguns benefícios, mas também acho que, se olharmos mais de perto, "abraçar o tédio" não é o conselho correto. Entendo que os argumentos a favor do tédio se referem ao seu valor *instrumental*, não ao valor que ele tem *por si mesmo*. É definitivamente verdade que atividades chatas podem ter valor instrumental. Ler livros chatos às vezes tem sido a única maneira de aprender algo que eu não sabia. E corrigir as provas do primeiro ano, embora chato, é fundamental para entender o que meus alunos estão aprendendo (e para manter meu emprego). Mas isso não significa que a experiência do tédio seja boa. De fato, não é. Se o tédio abre espaço para a criatividade, é a criatividade que é boa, não o tédio. Se o tédio nos motiva a buscar novos objetivos, é *porque é aversivo*. Não gostamos, então procuramos algo que não seja chato.

Talvez devêssemos abraçar o tédio porque ele dá à nossa mente uma folga da sobrecarga de informações e, assim, melhora nossa saúde mental. Deixar de lado nossos celulares por alguns minutos e experimentar a vida sem estimulação constante provavelmente é bom para nós, mas (de novo) não é o tédio que é bom para nós. Podemos sentir tédio quando guardamos nossos dispositivos, pois estamos acostumados com a distração e não cultivamos nenhuma habilidade de atenção plena. Mas o ponto aqui é tolerar o tédio para que possamos alcançar um estado de espírito mais sereno e pacífico no longo prazo. A tranquilidade – o estado de espírito pacífico, ou o que os antigos estoicos chamavam de "ataraxia" – é agradável, ao contrário do tédio. Se o tédio não levasse a essas outras coisas boas (criatividade, novos objetivos, serenidade), seria apenas uma dor. Então, se você acha que alguma atividade é chata, a menos que tenha alguma vantagem nisso, ela não é uma boa candidata para um valor final.

O conselho certo para o tédio não é "abraçar o tédio", e sim "aprender com o tédio".[11]

Sentimentos de fluxo fornecem evidências do outro lado. O fluxo é a experiência de estar tão absorto em alguma atividade que você perde a noção do tempo. É o estado em que você fica "quando está totalmente envolvido em uma atividade, normalmente uma atividade desafiadora bem executada... É praticamente o oposto do tédio". E, de acordo com especialistas em filosofia e psicologia, é um componente importante da felicidade psicológica.[12] Se você tem problemas em lembrar o que gera fluxo em você, uma sugestão dos psicólogos é pensar em qual atividade você prefere não começar se soubesse que teria que parar e ir para outro lugar em meia hora.[13] Para mim, escrever costuma ser assim. Eu quero longos intervalos de tempo ininterrupto para me perder nessa atividade e sentir o fluxo. Por outro lado, responder a e-mails burocráticos é algo que me sinto feliz em fazer entre uma consulta no dentista e uma soneca.

O fluxo é legal, mas não podemos estar em fluxo o tempo todo, pois nos esqueceríamos até de comer! Portanto, devemos nos lembrar da importância de outras emoções positivas, como a alegria ou a agradável paz de espírito (tranquilidade), que podem resultar de uma *eventual* permissão para ficar entediado.[14] Pelo mesmo motivo, todas essas emoções positivas são boas pistas para os nossos melhores valores. Se algumas atividades normalmente lhe proporcionam experiências de fluxo, alegria ou tranquilidade, você sabe que elas são boas candidatas aos melhores valores. Isso ocorre em parte porque valorizamos nossa própria felicidade, e essas emoções fazem parte da felicidade. Em outras palavras, bons sentimentos nos fazem sentir bem, e queremos nos sentir bem! Mas isso também ocorre porque as emoções positivas fazem parte dos blocos de construção que compõem nossos melhores valores. Nosso objetivo geral é encontrar valores que harmonizem nossos desejos, emoções e pensamentos. Buscamos valores que não conflitem com as nossas emoções, por isso devemos estar atentos ao que nos traz fluidez, alegria, tranquilidade e outras emoções positivas.

Observar a si mesmo como se fosse um rato de laboratório é uma boa estratégia para descobrir como você está conectado emocionalmente, que é uma informação útil para descobrir seus melhores valores. Isso é especialmente verdadeiro se algumas de suas emoções e motivações não estiverem totalmente alinhadas com uma autoconcepção clara. Você pode gostar de pensar em si mesmo como um intelectual apreciador da literatura clássica, mas, se cochila quando lê Dostoiévski e sente prazer ao ler romances, talvez precise pensar sobre o real significado do seu amor pela literatura. De forma mais geral, sua vaga sensação de que apreciar arte é muito importante pode ganhar uma melhor forma quando entender do que realmente gosta.

Este é um bom lugar para observar que pode haver um excesso de reflexão deliberada. Para ver como o rato vai se comportar, é preciso soltá-lo. Para ver como você está conectado emocionalmente – sobretudo se estiver em desacordo com suas crenças sobre si mesmo –, você precisa abrir espaço para que essas emoções e motivações surjam. Se estiver sempre no modo de autoexame, inibirá o que precisa ser examinado.

REFLEXÃO GUIADA

A segunda alternativa à simples introspecção é uma estratégia que vem da psicologia da busca de objetivos. É particularmente útil descobrir as emoções e as motivações ocultas sobre as quais acabamos de falar. Os psicólogos que estudam a busca por objetivos descobriram que muitas vezes as pessoas têm motivos conscientes e inconscientes que não estão bem alinhados. Para fortalecer o alinhamento, eles sugerem usar a imaginação para pensar em nossos futuros ideais. A ideia é que a imaginação está mais em contato com nossas motivações ocultas, porque não exige que articulemos nossos objetivos em linguagem explícita. Podemos dar alguma estrutura a esses exercícios de imaginação. Em vez de apenas fantasiar sobre o "seu futuro ideal" no geral, você pode dar a si mesmo sugestões específicas, como perguntas sobre quais atividades você gosta, que tipo de relacionamento gostaria de ter ou em que direção gostaria que sua carreira seguisse. Você pode fazer perguntas sobre quais qualidades admira nos outros, quais habilidades gostaria de adquirir ou como seria sua vida familiar ideal.[15]

Logicamente, essas perguntas podem ter respostas verbais explícitas que você pode acessar pela simples introspecção, mas também pode usá-las para estimular a imaginação. Você pode pedir à sua mente reflexiva e solucionadora de problemas que relaxe e tente visualizar ideais que não foram concebidos para serem práticos. Ou pode colocar as perguntas na sua mente antes de dormir, dar um passeio ou relaxar no banho, e depois ver o que surge quando não estiver pensando deliberadamente nelas. Certa vez trabalhei com uma coach de carreira que me orientou em um exercício de imaginação. Terminei a atividade olhando para cima e vendo um outdoor com meu nome. "O que há no outdoor?", ela perguntou. Minha resposta: "Um céu azul brilhante com um grande *emoji* de rosto feliz e a manchete 'TIBERIUS ESCREVE LIVRO INOVADOR SOBRE BEM-ESTAR!'". O que aprendi com isso? Aprendi, por um lado, que minha imaginação é artisticamente pouco sofisticada – o céu azul e o rosto amarelo feliz eram muito clichê! No entanto, o mais importante foi que aprendi quanto amo escrever e contribuir para o mundo das ideias. Era uma época em que a maior parte da minha energia estava indo para a administração, por isso era importante ser lembrada do que realmente valorizo no trabalho. O objetivo do exercício era tirar do caminho o eu hiperverbal e consciente – aquele que escolheu o cargo administrativo – das minhas paixões subjacentes.

Recorrer à nossa imaginação dessa maneira pode aumentar nossa consciência sobre nossos objetivos, até certo ponto, até mesmo àqueles que antes estavam ocultos. Isso pode, portanto, nos ajudar a aperfeiçoar nossos valores, porque nossos melhores valores são os objetivos que se harmonizam com nossos motivos conscientes e não conscientes.

APRENDER COM OS OUTROS

Uma terceira estratégia é aprender sobre nossos valores e objetivos com os outros. Estamos todos familiarizados com pessoas que dirão quando você tem um pedaço de alface nos dentes. Muitos de nós também temos a sorte de ter amigos nos quais podemos confiar, aqueles que nos dizem quando estamos fazendo algo que nos deixa infelizes ou perdendo algo que poderia nos deixar felizes.

Não podemos aprender tudo com nossa própria experiência. Isso é tão óbvio quando se trata de aprender sobre o mundo que nem vale a pena mencionar. A maior parte do que sei sobre o mundo, eu aprendi porque ouvi de fontes confiáveis. Há um ponto semelhante que é verdadeiro sobre a avaliação. Quando crianças, aprendemos com pais e professores sobre todos os tipos de atividades novas e divertidas. As crianças não podiam pintar com os dedos, tricotar, fazer ginástica, nadar ou cozinhar sem a ajuda de adultos. Também aprendemos por que é bom ser educado e tratar nossos irmãos de forma justa. Quando adultos, aprendemos com outros turistas como seria visitar determinado país, com os atletas como é difícil praticar um esporte, com os professores de música o quanto teríamos que praticar para tocar piano decentemente, e assim por diante. Aprendemos o que devemos valorizar com a experiência dessas pessoas, porque isso nos ajuda a descobrir o que desejamos e o que não desejamos, o que achamos que seja ou não seja agradável, excitante ou pacífico, e o que podemos endossar em nossos planos. Seríamos muito limitados em nossas opções se pudéssemos aprender apenas com nossa própria experiência. Precisamos aprender com os outros para encontrar os melhores valores para nós.

O que talvez seja menos óbvio é que também podemos aprender sobre *nós mesmos* com os outros. Podemos prestar atenção às reações de outras pessoas às coisas que dizemos e fazemos. Às vezes, elas surgem na forma de observações e conselhos explícitos, como foi o caso da minha amiga, que observou que eu estava prestando mais atenção nos homens do que nas mulheres. Às vezes, são reações que não pretendem informar nada, como foi o caso dos amigos que caíram na gargalhada quando eu disse que não era competitiva. Também podemos aprender sobre as forças que moldam nosso sentido das coisas. Nossos amigos podem nos dar uma perspectiva diferente sobre como observamos a nós mesmos.

Simine Vazire, psicóloga que estudou extensivamente o autoconhecimento, argumenta que há algumas coisas sobre nós mesmos que somos muito bons em descobrir e certas coisas que outros veem com mais exatidão do que nós.[16] Especificamente, Vazire mostra que somos melhores em reconhecer coisas mais internas, como nosso nível de autoestima, enquanto outras pessoas são mais exatas sobre nossas qualidades que possuem padrões externos, como a inteligência. Vazire usa um método engenhoso para estudar esses fenômenos. Ela usa uma ferramenta chamada gravador ativado eletronicamente (EAR, na sigla em inglês), que registra o que os indivíduos realmente dizem enquanto vivem sua vida cotidiana. Essas gravações são codificadas para as qualidades de interesse na pesquisa (autoestima e arrogância, por exemplo) e então comparadas com os relatos pessoais e relatórios dos colegas sobre aquela pessoa. Se você apenas perguntar a alguém como ele é, a resposta poderá ser distorcida pelo desejo de causar certa impressão. As pessoas não são os descritores mais confiáveis do próprio caráter. A ferramenta EAR é uma forma muito inteligente de contornar o problema. Para nossos propósitos, o interessante dessa pesquisa é que ela fornece evidências de que outras pessoas são boas fontes de informação sobre algumas coisas relevantes para nosso autoconhecimento, mas não outras. No meu caso, o fato de eu prestar mais atenção nos homens falando do que nas mulheres é algo que os outros provavelmente são mais capazes de perceber. De onde obtenho minhas experiências de fluxo, por outro lado, provavelmente é algo que tenho que descobrir por conta própria.

Obviamente, aprender com os outros sobre nós mesmos não é fácil. Se Vazire estiver certa, há coisas sobre nós às quais outras pessoas simplesmente não têm muito acesso. E há outras armadilhas. Uma delas é que as pessoas têm segundas intenções. Às vezes, amigos, namorados ou familiares nos veem de certa forma por causa de suas próprias necessidades, vieses e pontos cegos. Meu marido está sempre me dizendo que *não* sou competitiva, mas acho que não sou sobretudo *quando comparada a ele*. Um parceiro dependente financeiramente talvez seja incapaz de ajudá-lo a explorar quanto você realmente valoriza seu trabalho lucrativo. Seus pais podem estar tão presos à visão de que você ainda é aquela criancinha que não reconhecem as mudanças que lhe ocorreram. Um supervisor que deseja manter a funcionária como assistente mal remunerada pode estar motivado a dizer a ela que não haveria muito proveito em fazer um MBA à noite.

Precisamos buscar o autoconhecimento nos lugares certos. Isso pode ser desafiador. Às vezes, nos parece óbvio quais opiniões devemos desconsiderar, mas frequentemente não é. As pessoas que querem nos manipular geralmente são muito boas em esconder suas segundas intenções, ou nos convencer de que estão pensando no melhor para nós. Para alguém como eu, naturalmente inclinada a se importar demais com o que os outros pensam, existe um risco real de buscar aprovação nos lugares errados. Quando eu estava na faculdade, namorei alguém que era particularmente habilidoso em me fazer pensar que os interesses dele eram os meus. O alerta para mim foi quando assistimos a um filme juntos e percebi que eu era incapaz de dizer se tinha gostado ou não até ouvir o que ele pensava a respeito. Sinto vergonha quando penso nisso, mas, como eu disse, ele era um manipulador habilidoso. Minha preocupação com a opinião dele (reforçada pelo seu padrão de ficar com raiva quando eu discordava) dominou tanto a experiência de assistir ao filme que tomou conta de tudo.

Uma força perniciosa que faz com que as pessoas busquem informações e aprovação nos lugares errados é a opressão internalizada, que acontece quando pessoas de um grupo desfavorecido passam a aceitar as normas que as reprimem. Ela tem o potencial de distorcer profundamente a percepção sobre qual opinião importa e de quem. Uma das descrições mais comoventes e sucintas da opressão internalizada (nesse caso, o racismo) vem da "Carta de uma prisão em Birmingham", de Martin Luther King Jr., em que escreve

> de repente você percebe sua língua retorcida e sua voz gaguejar ao tentar explicar para sua filha de seis anos de idade por que ela não pode ir ao parque de diversões público que acabara de ser anunciado na televisão, e observa lágrimas brotarem de seus olhinhos ao ouvir que Funtown está fechado para crianças de cor, e vê as nuvens deprimentes de inferioridade começarem a se formar no pequeno céu em sua mente.[17]

Mais recentemente, e ainda mais brevemente, Ibram X. Kendi se pronunciou desta forma: "As ideias racistas fazem com que as pessoas de cor pensem menos de si mesmas, o que as torna mais vulneráveis às ideias racistas".[18] Uma pessoa que acredita em sua própria inferioridade corre o risco de dar muita atenção às opiniões das pessoas erradas porque, para ela, muitas delas parecerão ter mais autoridade. Se você acredita que deveria estar em uma posição inferior, pode ter a tendência de ceder às pessoas em uma posição superior e buscar sua confirmação. (Obviamente este não é o único problema causado pela opressão internalizada.)

Como nossos valores não são perfeitamente claros e bem definidos, outras pessoas podem influenciar a forma como interpretamos nossos valores e nossas metas. Por exemplo, pense nas mulheres que se veem realizando um trabalho emocional excessivo: imagine o estresse que é encontrar um modo de levar más notícias e ao mesmo tempo não inflamar conflitos interpessoais ou pisar em egos frágeis. Mulheres nessas posições geralmente buscam a aprovação das próprias pessoas que se beneficiam de seu cuidado e tempo. Colegas do sexo masculino farão elogios às mulheres carinhosas e pouco assertivas, e isso pode parecer uma confirmação dos valores de cuidado das mulheres. Mas as mulheres realmente valorizam o respeito e o cuidado com os outros dessa forma específica? Ou valorizamos algo como uma utilidade que poderia ser pensada de forma diferente, que não nos levasse a sacrificar tanto do nosso tempo (e possivelmente do nosso respeito próprio)?

Infelizmente, é provável que não haja um jeito fácil de saber em quais pessoas podemos ou não confiar. De fato, decidir em quem confiar faz parte do processo complexo de descobrir o que importa. Dito isso, embora não exista um guia simples de "como fazer" para estarmos bem informados, há algumas regras práticas. Deveríamos tentar manter em mente nossos próprios valores mais estáveis e confiáveis. Podemos pensar sobre o que os outros podem ganhar tentando influenciar nossos valores. Essencialmente, devemos ignorar as opiniões daqueles que querem nossa servidão ou pensam que somos inferiores. Essas pessoas não podem nos ajudar a descobrir quais valores são melhores para nós. Também podemos buscar outras opiniões quando não temos certeza. Pode ser útil fazer a triangulação entre diversos amigos e pensar em quais motivos ocultos, pontos cegos e preconceitos as pessoas provavelmente têm. A diversidade de opiniões costuma ser esclarecedora. Podemos ainda contar com as outras estratégias discutidas neste capítulo: prestar atenção em nossos próprios sentimentos, prazeres e dores e usar nossa imaginação para romper a superfície de nossa autoconcepção consciente.

Apesar dos riscos de aprender com os outros, desde que sigamos essas regras práticas, provavelmente estaremos melhores se nos mantivermos abertos ao aprendizado com os outros do que suprimindo nossa natureza social e tentando nos tornar solitários invulneráveis. Corremos o risco de tentar aprender com as pessoas erradas, mas o outro lado desse alerta é que podemos encontrar pessoas que são excelentes professores. Um amigo seu que tenha os melhores sentimentos e o conheça bem o suficiente para saber como você se envolve com seus próprios valores pode ser extremamente útil. A maioria das mulheres que conheço tem amigos assim. O amigo que observa que você fica infeliz quando está lendo romances russos, aqueles que você se comprometeu a ler por causa de algum senso equivocado de realização literária. O amigo que aponta quantas vezes você disse que gostaria de realizar algo criativo e encontra uma aula de pintura em aquarela para você fazer. O amigo que pode relembrar por que motivo você largou o emprego quando se sentiu insegura sobre mudar de carreira. Esses amigos valem seu peso em ouro, e seria bom abrir espaço para o que podemos aprender com eles sobre nossos valores.

EXPLORAÇÃO

Mesmo que – como sugeri – tenhamos que começar de onde estamos, com os valores que temos, isso não significa que não devamos explorar outras coisas. A exploração é importante para o processo de descobrir o que importa. Na medida em que nossos valores são indefinidos e vagos, precisamos conhecer as opções para torná-los mais específicos. Vamos analisar a "família", por exemplo. Se você foi criado para pensar que uma família é formada por dois pais, dois ou três filhos e um cachorro, você pode ter dificuldades em perceber o valor se não estiver interessado em união de casais, procriação ou animais de estimação. Você precisa descobrir o que mais a família pode significar para as pessoas, como ela pode ser valiosa para nós, mesmo que não se pareça com um casal perfeito de novela. Ou pense no trabalho. Você pode ter uma vaga ideia de que seu trabalho deve ser sua paixão (em vez de uma forma de pagar as contas para que você possa buscar sua paixão em outro lugar), ou de que o trabalho deve ser bem pago para valer a pena, ou de que o trabalho deve ocupar todo o tempo que você não gasta com seus filhos. Essas ideias podem funcionar para algumas pessoas, mas não funcionarão para todos. Pessoas cujas paixões são por coisas que a sociedade não recompensa com dinheiro podem ser mais bem atendidas em empregos que apenas pagam as contas, por exemplo. Explorar as opções – ou entender as várias maneiras pelas quais as pessoas valorizam coisas como família e trabalho – nos ajuda a entender o que realmente importa para nós em relação a esses valores.

Outra maneira pela qual a exploração é importante para descobrir o que importa é que pode haver coisas que seriam boas para nós valorizarmos e não estão atualmente em nosso radar. Millicent, a tartaruga do capítulo 2, também pode acabar gostando de amoras se as experimentar, por exemplo, e eu posso gostar de sapateado. Em outras palavras, pode haver coisas que não estão em seu sistema de valores que se adequariam ao tipo de pessoa que você é e se encaixariam bem em seus outros valores.

A exploração pode nos ajudar a encontrá-los. No entanto, muitas vezes esses "novos" valores são apenas versões ou formas de obter valores antigos. Talvez as amoras sejam apenas um meio para Millicent obter o valor de uma barriga cheia, e o sapateado seja apenas um meio para eu me exercitar. Mas pode haver casos em que podemos descobrir um valor genuinamente novo.

Por exemplo, analisemos a brincadeira. Mencionei anteriormente que já trabalhei com uma coach de carreira. Fiz isso quando assumi um cargo administrativo e estava preocupada em não conseguir administrar o estresse. Uma das primeiras perguntas que ela me fez foi: "O que você faz como se fosse uma brincadeira?". Sinceramente, não tinha ideia do que ela estava falando. Brincadeira? Quer dizer, como jogo de cartas? O que ela quis dizer foi algo que eu fiz pelo prazer de fazer, não para marcar um item na minha lista de tarefas cada vez maior, não para fazer alguém feliz, nem para melhorar minha saúde. Minha primeira reação emocional a isso foi um sentimento de fracasso: "Eu estudo bem-estar e não estou fazendo isso certo!". Depois que superei isso, tive que pensar sobre o que significava não conseguir identificar nada em minha vida que realmente fizesse a conta fechar. O ser humano precisa brincar? Alguns filósofos pensam que sim.[19] Mas, mesmo que não seja uma necessidade humana básica, provavelmente é algo que minha personalidade poderia usar mais. Isso era algo que eu tinha que descobrir.

Como exploramos o mundo dos valores? Explorar o mundo em geral é um bom lugar para começar, porque aprendemos o que tem valor por meio de toda a nossa experiência. Estamos constantemente avaliando. É importante ressaltar que também podemos aprender sobre o que é importante com a experiência dos outros. Já falamos sobre algumas das formas pelas quais os amigos podem ser úteis, inclusive nos mostrando a alegria e o interesse pelas coisas que valorizam. E os amigos não são a única fonte dessa informação. Outras pessoas em geral – até mesmo personagens fictícios – podem ampliar nossas perspectivas sobre o que importa e nos permitir reformular algo antigo ou descobrir algo novo.

Exploração não combina bem com reflexão deliberada e introspecção em um momento específico. É improvável que você encontre uma nova atividade de que goste se estiver se perguntando se ela realmente vale a pena o tempo todo que a estiver fazendo. Se eu tiver que me perguntar se já estou brincando provavelmente não estou entendendo direito. Introspecção e perguntas céticas – embora às vezes úteis – são uma distração aqui. Mais uma vez, vemos que descobrir o que importa não é apenas um autoexame. Exige uma espécie de abertura para o experimentar que entra em desacordo com o pensar demais.

JUNTANDO TUDO

A partir das estratégias que consideramos, obtemos informações sobre nossos objetivos e valores, onde há conflitos e onde há harmonia, o que está funcionando e o que não está. Essas estratégias nem sempre são distintas, e mesmo quando as usamos em momentos diferentes, em última análise, precisamos juntar os resultados. Isso é feito por meio de introspecção, exploração, conhecimento da natureza humana, observações de nossas reações emocionais, resultados de nossos esforços imaginativos e as respostas das outras pessoas para nós. Então decidimos o que tudo isso significa para o que realmente importa para nós.

Eu certamente tive que juntar as coisas quando se tratava do valor da brincadeira. Sentir-se sobrecarregada e desmoralizada por e-mails e listas de tarefas era uma evidência de que algo estava errado. Assim como me sentir como se estivesse perdendo minha capacidade de encontrar qualquer coisa alegre. Também tive evidências de alguns entes queridos que me disseram que eu era muito dura comigo mesma e de observar os exemplos de outros amigos, que pareciam estar se divertindo muito mais do que eu. Todas essas fontes de evidência me ensinaram que meu sistema de valores, que não incluía "brincar", poderia melhorar um pouco.

A autocompreensão que alcançamos por meio de todos esses métodos sempre será um trabalho em andamento por alguns motivos. Primeiro, a maioria de nós tem sistemas de metas, valores e motivações subjacentes que resistem ao entendimento perfeito. Esses sistemas são complexos e indescritíveis. É muito difícil saber tudo. Em segundo lugar, o que estamos tentando entender muda à medida que tentamos entendê-lo. Isso ocorre em parte porque nossas circunstâncias mudam, o que influencia o que é importante para nós. Alguns exemplos óbvios têm a ver com o envelhecimento. Aos 20, 30 e 40 anos (se tivermos sorte) não pensamos em cuidar dos nossos pais, porque eles não precisam de nós. Mas então, quando chegamos aos 50 e 60 anos, muitos de nós nos encontramos de repente com essa nova preocupação: a saúde e o bem-estar dos nossos pais. Da mesma forma, para aqueles que são pais, ser um bom pai ou mãe geralmente é uma meta mais exigente quando seus filhos são pequenos do que quando eles saem do ninho. O que você precisa aprender sobre si mesmo em uma década é diferente do que precisa saber na próxima.

Há outra razão pela qual nossos valores mudam quando tentamos descobri-los. Enquanto tentamos descobrir o que é importante para nós, também encontramos problemas e conflitos. De fato, problemas e conflitos muitas vezes são a razão pela qual somos motivados a pensar primeiro no que é importante. Ao enfrentar seu problema de equilíbrio entre trabalho e vida pessoal, você é obrigado a considerar o que realmente importa para você no trabalho e na "vida". Para resolver conflitos, temos que refinar nossos valores. Isso significa que nossos valores estão tomando forma durante o processo do seu descobrimento. Há, em outras palavras, uma interação entre nossas tentativas de entender nossos valores e o que há para entender. E é por isso que descobrir o que você valoriza não é um processo totalmente separado de identificar os melhores valores para você.

Entender o que é importante para nós agora, mesmo que seja sempre um trabalho em andamento, é um passo importante para realizar nossos valores. Você não pode fazer o que é importante se não souber o que é. Conhecer nossos valores também traz outro benefício. Muitos de nós gastamos muito tempo nos preocupando com coisas que realmente não importam tanto. Sou conhecida por me preocupar com intensidade se enviei um e-mail mal redigido e outras coisas relativamente triviais. E eu leio muitos artigos sobre o tema para saber que não estou sozinha nisso. Saber o que importa nos ajuda a não nos preocupar com as pequenas coisas. Também pode nos ajudar a evitar o pensamento de que nossa vida será muito melhor ao adquirir aquele objeto incrível, um padrão de pensamento que é encorajado por nossa cultura consumista. Se soubermos o que realmente importa, podemos estar menos inclinados a cair na armadilha de pensar que, se tivéssemos aquele carro ou aquelas roupas (ou aquele relógio ou qualquer outra coisa), seríamos felizes.

Assim que tivermos uma ideia do que realmente importa para nós, o próximo passo é tentar viver de acordo com esses valores ou realizá-los em nossas ações. Ou seja, fazer as coisas que são importantes para nós e ser as pessoas que queremos ser. Ao fazermos isso, encontramos conflitos. Nossos esforços para resolvê-los nos levam a repensar e refinar o que é importante para nós, ou como devemos buscar essas coisas. No próximo capítulo, vamos nos concentrar nas próximas etapas: como agir para resolver conflitos e concretizar nossos valores.

4
SOBRE MORANGOS E SEGURANÇA, OU COMO RESOLVER CONFLITOS

Assim que nossa amiga tartaruga Millicent entende que quer morangos e segurança, ela precisa descobrir o que fazer, porque atravessar a estrada exige sacrificar a segunda opção. Depois de decidir pedir um almoço saudável, devo tomar as medidas necessárias e evitar grandes quantidades de álcool e gordura saturada. Simples. No entanto, não é tão simples, porque, assim que começamos a colocar nossos objetivos em ação, encontramos conflitos. Pessoalmente, quando quero um almoço saudável, muitas vezes sou forçada a escolher entre um que tenha mais nutrientes e outro que facilite a contagem de carboidratos para que eu saiba quanta insulina devo tomar. A opção mais fácil para a dosagem de insulina é qualquer coisa pré-embalada que venha com as informações sobre carboidratos escritas na embalagem. Geralmente não é a opção mais saudável em outros aspectos. Eu também tenho tempo limitado, então eventualmente minha busca pelo almoço perfeito entrará em conflito com outros objetivos importantes, como escrever este livro. Podemos ver como o conflito não resolvido nos machuca: se eu não conseguir chegar a um acordo entre meus vários objetivos, nunca comerei. Pelo menos neste exemplo simples, não estou em conflito interno sobre comer: eu quero um almoço, não importa o tipo! Mas, quando se trata de nossas hierarquias complexas de valores e objetivos, também podemos experimentar conflitos internos.

Para dar um exemplo menos simples, uma vez que percebo que preciso de algo chamado "brincadeira" em minha vida, tenho que descobrir como conseguir isso de forma compatível com as outras coisas que valorizo. Brincar entrará em conflito com passar o tempo fazendo outras coisas. Minha sensação incômoda e crítica de que brincar é apenas para crianças também competirá com minhas tentativas de incorporar a brincadeira à minha vida.

Podemos dividir os principais conflitos sérios que nos causam problemas em três tipos: conflito dentro do objetivo, conflito entre objetivos e conflito com nosso ambiente. O *conflito dentro do objetivo* ocorre quando nossas diferentes atitudes em relação ao nosso objetivo não se alinham: quando nossas emoções, desejos e crenças sobre o que quer que seja estão puxando em direções opostas. Por exemplo, às vezes adoramos fazer coisas que julgamos serem ruins para nós. A pessoa que cresceu em uma comunidade pentecostal estrita que proíbe a dança pode sentir vontade de dançar, mas também pensar que é ruim para ela fazê-lo. A pessoa puramente hipotética que quer ser legal, mas também pensa que seu desejo de ser legal é resultado de uma socialização sexista, pode querer ser legal e ao mesmo tempo pensar que deveria ser menos legal. Também podemos pensar que as coisas são boas para nós, mesmo quando elas nos deixam indiferentes. Isso geralmente acontece quando herdamos dos nossos pais ideias sobre o que é valioso. Já conversei com muitos alunos que chegam à faculdade acreditando que valorizam uma vida como médico ou contador porque foi isso que seus pais lhes ensinaram, e então percebem que estão entediados nas aulas de Ciências ou Contabilidade. Esses alunos valorizam o trabalho e o sucesso. Mas quando pensam exatamente o que isso significa, e então entendem "trabalho" e "sucesso" como "ser um cirurgião cardíaco" ou "ser um rico contador", chegam a valores que não são os ideais para eles. Lembro-me de um aluno em particular que podemos chamar de Phil. Ele adorava as aulas de Filosofia, mas estava convencido de que não era bom gostar disso. Foi na filosofia que ele ganhou vida. Nela ele encontrou motivação para estudar e participar das aulas. Sem surpresa, também era nela que ele tirava as melhores notas. Mas Phil realmente não achava que essas motivações fossem uma boa razão para se formar em Filosofia e ainda estava preso à crença de que era bobagem se formar em Artes Liberais. Esse conflito entre sua paixão e os julgamentos que herdou dos pais o deixava muito infeliz. Embora ele não percebesse, o conflito também estava frustrando seus objetivos gerais. É mais provável que você seja bem-sucedido na faculdade quando faz algo para o qual está motivado (evidenciado pelo excelente desempenho de Phil em suas aulas de Filosofia), e é muito improvável que seja bem-sucedido fazendo um trabalho que considera incrivelmente chato.

Para dar outro exemplo, pense em um homem que foi criado de forma a enfatizar papéis de gênero muito tradicionais. Vamos chamá-lo de John. Como a maioria de nós, John valoriza a família, e, quando tenta examinar o que isso significa, sua compreensão do valor de ser pai é fortemente influenciada pelo "arrimo de família estoico". John Wayne é seu homônimo, bem como seu modelo de masculinidade. Mas, para o John que estou imaginando, isso cria um conflito interno, porque ele deseja passar mais tempo com os filhos e ser um pai carinhoso e efusivo. Ele também se convenceu (pelo menos em teoria) – por argumentos esclarecidos que ouviu – de que os homens deveriam ser mais expressivos do que permitiam os velhos estereótipos culturais. O entendimento de "John Wayne" sobre o valor da paternidade não se encaixa no desejo de John de ser carinhoso e efusivo, mas ele o internalizou o suficiente para também se sentir envergonhado por seus desejos. Esse conflito entre o desejo de John de ser um pai carinhoso e sua vergonha por esse mesmo desejo frustra seus objetivos. É difícil ser um bom pai quando você realmente não sabe o que isso significa e quando seus próprios sentimentos o puxam em direções opostas.

O segundo tipo de problema, cujos exemplos já surgiram neste livro, são os *conflitos entre nossos valores*. É fácil ver o problema com o conhecido caso do equilíbrio entre vida profissional e pessoal. A maioria das pessoas experimenta algum conflito entre as demandas do trabalho e todo o resto (a vida!). É de esperar um pouco de competição pelo nosso tempo, mas às vezes entendemos o valor do nosso trabalho, ou das coisas que competem com ele, de maneiras que tornam esse conflito intolerável. Por exemplo, se você acha que ser uma boa mãe significa ingressar na associação de pais, organizar festas de aniversário elaboradas com tema de unicórnio e levar seu filho a seis cursos diferentes em cinco bairros distantes toda semana, talvez considere que a maternidade representa um conflito ingerenciável com o sucesso no seu trabalho. É melhor ter valores que não cheguem a esse extremo de competir entre si por tempo e atenção.

O equilíbrio entre vida pessoal e profissional não é o único tipo de conflito que pode criar problemas para nós. Como os relacionamentos são muito importantes, em geral é muito doloroso quando entram em conflito com outros valores igualmente importantes. Pense em um homem gay que também é membro de uma igreja conservadora que considera a homossexualidade um pecado.[1] Esse é um conflito trágico e fácil de perceber que gera uma falta de realização. É difícil estar totalmente comprometido com um relacionamento que sua comunidade diz que é ruim, e é difícil aceitar uma comunidade que não te ama como você é. O divórcio é outro exemplo. Se você aprendesse sobre casamento nos filmes, pensaria que o divórcio é sempre causado por infidelidade e que o principal conflito é entre o desejo de uma pessoa por um parceiro fiel e o comportamento da outra pessoa. Sei que às vezes isso acontece, mas nos casos de divórcio que conheço as coisas são mais complicadas. Se você tem um parceiro que não gosta de você ou a trata como uma criança, seu relacionamento romântico pode entrar em conflito com seu respeito a si mesma. Se tem um parceiro que não cuida dos filhos e das tarefas domésticas, podem surgir conflitos entre seu relacionamento e seu desejo de fazer outras coisas. Os ideais de sucesso de um relacionamento de longo prazo – herdados da família ou da Igreja – às vezes entram em conflito com o desejo de uma pessoa de encontrar alegria, quando as duas pessoas no relacionamento se distanciaram e não gostam mais de estar uma com a outra.

A terceira forma de errar é perseguir *valores que não se ajustam bem aos nossos ambientes físicos e sociais*. Por exemplo, devido ao meu diabetes tipo 1 e à minha miopia, provavelmente teria sido ruim para mim o valor de querer ser uma astronauta. Viajantes espaciais míopes e diabéticos não são muito procurados. Alguém que mora no Equador provavelmente não deveria valorizar os esportes de inverno. Alguém com uma alergia severa a gatos estaria melhor se não valorizasse a adoção de gatos abandonados.

É claro que encontrar um ajuste entre nossos valores e nossos ambientes nem sempre é uma questão simples. Isso ocorre porque nossos ambientes podem mudar, e mudá-los pode se tornar parte do que valorizamos. Se eu tivesse nascido cinquenta anos antes, posso facilmente imaginar alguém me dizendo que eu não deveria valorizar a carreira de filosofia, porque a trilha para as mulheres filósofas é tão difícil quanto a trilha para os astronautas diabéticos. Se todos reduzíssemos nossos valores para se adequarem ao mundo em que nascemos, nunca nos esforçaríamos para melhorar o mundo. As filósofas da geração anterior à minha valorizavam a filosofia apesar de desencorajadas e mudaram as coisas para melhor de uma forma que me beneficia agora. Para algumas dessas mulheres, mudar o mundo passou a fazer parte do que valorizavam. Precisamos, sim, estar atentos ao que o mundo permite: não podemos viver bem se estivermos constantemente frustrados com tudo o que é importante para nós. Mas isso não significa que só podemos valorizar o que se adapta *facilmente* ao nosso entorno. Discutiremos mais esse tópico no próximo capítulo. Por enquanto, vamos nos voltar para a questão geral sobre o que fazer com os conflitos.

Uma vez que identificamos nossos conflitos, há algumas estratégias básicas que podemos usar:

Três respostas básicas para o conflito

1. Priorizar e ajustar os meios aos fins
2. Desistir de uma das metas conflitantes
3. Reinterpretar nossos valores

Pensando novamente em nosso caso fácil da compra, a primeira estratégia funciona bem se você conseguir executá-la. Se você sabe que o preço é sua maior prioridade, a aparência em segundo lugar e depois o conforto, será mais fácil escolher um par de sapatos. Você também pode ajustar alguns dos seus objetivos instrumentais: se sapatos *confortáveis* são procurados como um meio de ter sapatos com os quais se possa dançar, você pode decidir dançar descalça e não se preocupar com a altura do salto. Desistir completamente de algo também pode funcionar bem. Se você puder sacrificar a aparência, reduzirá muito seu conflito: não deve ser muito difícil encontrar um par de sapatos baratos, confortáveis e feios! Finalmente, você pode reinterpretar seus objetivos para reduzir o conflito. Por exemplo, se você pudesse rever seus padrões para sapatos atraentes – ou se pudesse ver o que uma amiga minha chama de "sapatos não misóginos" como atraentes –, teria menos conflito. As coisas ficam complicadas quando se trata de objetivos mais importantes do que sapatos, mas as estratégias básicas são as mesmas.

PRIORIZAR E AJUSTAR OS MEIOS AOS FINS

Para refletir sobre essa estratégia, voltemos mais uma vez ao conhecido problema do equilíbrio entre vida profissional e vida pessoal. Observe que normalmente não enfrentamos isso como um conflito entre TRABALHO e VIDA. Em vez disso, enfrentamos conflitos mais específicos: você está gastando tanto tempo no trabalho que não tem tempo para se exercitar e sua saúde está prejudicada. Você está levando seus filhos a tantas aulas e eventos que acaba ligando para o trabalho no meio do caminho e não acha isso nada prazeroso. Você está tão ansiosa com o trabalho que não consegue ser a parceira paciente e compassiva que gostaria de ser. Vivenciamos conflitos entre trabalho e saúde, trabalho e paternidade, trabalho e lazer, trabalho e amizade, e assim por diante. (Saúde, paternidade, lazer e amizade com certeza também podem entrar em conflito entre si.)

Para priorizar os objetivos que estão em conflito, precisamos identificar quais são os valores finais e quais são os objetivos secundários mais instrumentais. Em outras palavras, precisamos saber o que realmente importa e o que só importa por causa de outra coisa. Às vezes, priorizar revela soluções fáceis. Isso acontece nos casos em que podemos ver que o conflito é entre um valor finalista e o meio para atingir algum outro objetivo que pode ser facilmente substituído por outro meio. Por exemplo, se as exigências do seu trabalho entram em conflito com a ida à academia e você só quer ir à academia por causa da sua saúde, pode haver outro caminho para ter saúde que não cause conflito. Se você pode ir de bicicleta para o trabalho ou correr no bairro em vez de ir à academia, o problema está resolvido. A questão geral é que objetivos puramente instrumentais às vezes podem ser "trocados", sem muito custo, por outros que criam menos conflito.

Ajustar os meios aos fins deve ser uma estratégia familiar, porque muitos de nossos objetivos são gerais o suficiente para que possam ser perseguidos de várias formas. Se seu objetivo é uma formação, há muitas maneiras de fazer isso: matricular-se em uma universidade, participar de um grupo de leitura, fazer cursos on-line gratuitos, passar um tempo lendo em uma biblioteca, e assim por diante. Se o seu objetivo é ser saudável, também existem muitos caminhos: começar a correr, nadar, comer mais vegetais, comer menos alimentos refinados, musculação, e por aí vai. Você não precisa fazer todas essas coisas para atingir seu objetivo.

É possível escolher qualquer método que crie o menor conflito. Essa abordagem de escolher meios para atingir nossos fins que reduz o conflito é comum no domínio das atividades de voluntariado. Pesquisas sobre voluntariado sugerem que as pessoas que escolhem atividades de voluntariado que se encaixam em seus outros objetivos são mais eficazes e satisfeitas.[2] O que acontece aqui é que muitas pessoas têm um objetivo de "ajudar os outros" que é muito geral. Queremos ser úteis, mas ficaríamos satisfeitos com inúmeras formas de fazer isso. Nesse caso, é fácil ver por que a escolha dos meios para atingir os fins de forma a reduzir o conflito resultará em maior realização de metas. Se você é uma pessoa introvertida que odeia falar com estranhos, bater de porta em porta para fazer campanha política provavelmente não é a melhor oportunidade para você. A menos que esteja trabalhando com o objetivo de praticar as habilidades que lhe faltam, estará lutando contra sua motivação para evitar portas e acabará não dedicando muito do seu tempo. Quando me ofereci para bater de porta em porta para candidatos políticos em 2012, tive muita dificuldade em convencer meu eu avesso a conflitos a fazer isso. Quando finalmente saí para essa empreitada, parada no final da rua olhando a fila de casas que deveria visitar, comecei a chorar. Em 2020, escrevi cartas para incentivar as pessoas a votar – da privacidade da minha casa – e tive muito mais energia para isso.

Nos envolvemos nesse raciocínio instrumental (meio-fim) o tempo todo, embora talvez não o consideremos uma forma de reduzir o conflito. No entanto, é isso que ele faz, porque, enquanto tivermos mais de um objetivo, o que conta como o melhor meio para atingir o seu fim vai depender do que mais você deseja. Gastar mil dólares no par de sapatos perfeito seria bom se eu não tivesse outro uso para o dinheiro. Passar cinco horas por dia na academia seria bom se eu não tivesse outro uso para o meu tempo. Mas todos nós temos vários objetivos, então os melhores meios de alcançá-los serão aqueles que abrem espaço para tudo o que é importante para nós.

Essas soluções de "ajustar os meios" são filosoficamente fáceis, porque apelam para uma forma de raciocínio bem compreendida. O raciocínio instrumental é apenas o processo de determinar meios eficazes para nossos fins. Mas o fato de que essas soluções são filosoficamente fáceis não significa que sejam fáceis de encontrar ou implementar. Provavelmente todos nós podemos pensar em momentos em que continuamos perseguindo algum objetivo de uma forma que parecia que estávamos batendo com a cabeça na parede. Isso parece acontecer frequentemente com novos objetivos que estamos tentando introduzir em nossa vida. Por exemplo, você quer "ficar em forma" e, por causa de um artigo que leu em uma revista fitness no consultório do médico, decide que, para atingir esse objetivo, se tornará uma "pessoa fitness", levantando pesos e fazendo cardio cinco dias por semana! "Pessoa fitness" é o meio para o seu fim. Sem sequer perceber, você odeia academia, o cheiro dela, quanto ela aumenta o seu tempo no trânsito, a pressão para ter uma boa aparência enquanto fica suado. Mas como você está ocupado e não pensou muito sobre por que escolheu ser a "pessoa fitness", continua tentando... e fracassando. Ver que você pode ter mais sucesso com alguma outra atividade física, como um esporte coletivo, corrida ou aulas de sapateado, exige que você identifique que a "pessoa fitness" é um meio para um fim que não está funcionando para você. Isso nem sempre é fácil, mas ajudaria se você identificasse seus diferentes objetivos e valores e os priorizasse para saber qual deles é um meio e qual é um fim.

Até agora, falamos sobre conflito entre objetivos. E quanto ao conflito dentro do objetivo? Quando estamos em conflito interno sobre um objetivo, ajustar os meios aos fins não funciona, porque nosso problema é que ainda não definimos um fim a ser buscado. No entanto, muitos conflitos dentro do objetivo são na verdade conflitos entre objetivos disfarçados, e perceber isso também pode ser muito útil. Por exemplo, pense em nosso amigo pentecostal que adora dançar e também acha isso vergonhoso e errado. Pode parecer que ele tenha uma relação de amor e ódio com a própria dança. No entanto, pode ser que o que realmente esteja acontecendo seja um conflito entre dois objetivos bem diferentes: o de experimentar algo extremamente prazeroso e o de agradar a Deus. Nesse caso, a dança não é o que ele valoriza: é apenas um meio para chegar aos sentimentos alegres. Ele não está em conflito interno sobre a alegria ou sobre Deus. Alegria e Deus estão em conflito um com o outro. Se esta é a forma correta de descrever a experiência desse homem, então uma coisa que ele poderia fazer é usar um meio diferente para ter o sentimento de alegria ele adora quando dança. Talvez o paraquedismo resolvesse, e talvez Deus não se opusesse a isso. Claro, assim que reconhece o conflito como tal, também pode eventualmente decidir desistir do objetivo de agradar a uma divindade que não quer que ele experimente a alegria dançando.

Priorizar e ajustar os meios aos fins funciona quando podemos identificar os objetivos finalistas que podemos perseguir de maneira diferente sem muito sacrifício. Infelizmente, a vida nem sempre é tão simples. Mesmo quando nossos objetivos secundários são instrumentais, eles geralmente estão ligados a outros objetivos de forma a tornar difícil substituí-los por outra coisa. Ir à academia é principalmente um meio de se exercitar, mas você pode ser alguém que realmente gosta do aspecto social, e correr sozinho não oferece isso. Quando mais valores finalistas entram em conflito, não podemos trocar os meios, então precisamos fazer outra coisa. Poderíamos pensar em desistir de algo.

DESISTIR DE METAS

Desistir de algo diante de um conflito parece uma boa ideia. E, às vezes, quando dois objetivos estão em conflito direto e imediato, desistir de um pode ser a única resposta. Se você quiser visitar seus pais na Flórida no Dia de Ação de Graças e também quiser ficar em casa longe da Flórida, por exemplo, terá que escolher apenas um e abandonar o outro. Mas a estratégia do "livre-se disso" geralmente não funciona para nossos valores mais finais. Se pensarmos em nossa tartaruga ilustrativa, o conflito básico de Millicent entre comida e segurança não pode ser resolvido abrindo mão de um desses valores finais. Ela poderia desistir de *comer morangos* (um meio específico para ficar com a barriga cheia), mas não poderia desistir de comida. Da mesma forma, os humanos não vão abandonar o trabalho, a família, a amizade, a segurança ou nossos outros valores mais queridos.

Dito isso, existem algumas metas que são conhecidas como fracassos. Muitos filósofos ao longo da história (de Aristóteles a John Stuart Mill) pensaram que ser rico é um objetivo do qual devemos desistir. Ser famoso e ter *status* são semelhantes. O que há de errado com essas metas? Não há nada de errado em querer dinheiro suficiente para buscar outras coisas que você valoriza. Mas faz com que ser rico seja um valor *instrumental*, não um valor final. Da perspectiva da realização de valores, um grande problema é que, quando esses valores se tornam objetivos finais, eles entram em conflito com outros valores importantes, como relacionamentos e sentimentos de felicidade. Há boas evidências na psicologia de que as pessoas que valorizam muito o dinheiro e o *status* tendem a ter relacionamentos de qualidade inferior, a ser menos satisfeitas com a própria vida e a experimentar mais emoções negativas do que as que não os valorizam.[3] (Para ser clara, não significa que ter dinheiro o deixe infeliz. O problema é se preocupar demais em tê-lo.)

Um problema com a valorização da riqueza, fama e *status* é que eles são bens relacionais. Temos mais deles enquanto outras pessoas têm menos. Isso coloca a pessoa materialista em competição com outras, e isso é ruim para seus relacionamentos. A fama é necessariamente uma mercadoria rara. Não podemos ser todos famosos. "Ser rico" normalmente também é pensado em termos comparativos. As pessoas que querem ser ricas geralmente querem ter mais do que seus vizinhos.[4] Lutar por *status* faz com que elas se endividem para comprar símbolos de *status* e outras coisas para impressionar. A dívida causa estresse, que compete com os valores da saúde mental e física. A busca pela riqueza pode levar as pessoas a aceitar empregos bem remunerados, mas não adequados às suas paixões, o que causa mais estresse e insatisfação com a vida profissional. Portanto, riqueza, fama e *status* são objetivos dos quais faz sentido desistir ou pelo menos rebaixar a mero *status* instrumental.

Desejos viciantes e autodestrutivos também são objetivos ruins. Pode parecer estranho categorizá-los dessa forma, porque nunca listaríamos "tornar-se um viciado" como uma de nossas metas. Mas lembre-se de que, no sentido técnico, os objetivos são apenas representações no cérebro de um estado de coisas que nos atrai e nos motiva a fazer coisas, e substâncias viciantes são representadas como altamente atraentes. Consumir muitas drogas, beber vodca no café da manhã ou fumar um cigarro atrás do outro são objetivos que obviamente seria melhor você não ter. Objetivos autodestrutivos, como o de não comer ou o de ficar com um parceiro abusivo, são a mesma coisa. Provavelmente não os listaríamos em nossos objetivos, mas são objetivos no sentido técnico e são casos óbvios de objetivos que devemos descartar.

Às vezes, motivações ocultas são ruins para nós. Existe um estereótipo segundo o qual elas são forças sombrias e monstruosas que minam nossa felicidade. Certamente existem exemplos como este: baixa autoestima não reconhecida que faz com que você sabote relacionamentos e oportunidades de carreira, porque "no fundo" você não acha que os merece. Ou um desejo patologicamente competitivo de provar que você é melhor do que todo mundo, o que afasta outras pessoas e causa problemas no trabalho e em casa. Objetivos ocultos como esses enfraquecem a teia de valores, impedindo-nos de perseguir nossos valores finais e bloqueando as boas sensações quando conseguimos realizá-los.

Mas nem todas as nossas motivações e nossos objetivos ocultos são ruins. Muitos deles vêm apenas de nossas necessidades básicas de exploração, segurança, autonomia ou associação. Minha competitividade oculta (de mim, pelo menos) não é necessariamente uma coisa ruim, pois provavelmente me levou ao sucesso de alguma maneira. Quando tentamos identificar nossas motivações ocultas, fazemos bem em distinguir desejos específicos daquilo que chamei no último capítulo de nossas "motivações psicológicas básicas". Os primeiros podem ser objetivos ruins dos quais podemos nos livrar, mas desperdiçaremos nosso tempo tentando erradicar nossos impulsos humanos básicos.

Às vezes, nossos motivos ocultos decorrem de algo realmente decente sobre nós mesmos, como se importar com os sentimentos de outras pessoas. Nesses casos, não faz sentido lutar ou descartar nossos impulsos decentes apenas porque eles estão em conflito com outros objetivos. Quando as pessoas foram criadas de maneiras que conflitam com seus interesses e impulsos básicos, esses interesses e impulsos muitas vezes aparecem primeiro como motivos ocultos. Pense nas pessoas LGBTQIA+ criadas em igrejas evangélicas hostis ou artistas criados em famílias que valorizam apenas segurança e dinheiro. Para essas pessoas, reconhecer e aceitar motivos inconscientes (ou tirá-los de seu esconderijo) pode ser o primeiro passo para mudar os valores desafortunados que herdaram de suas comunidades.

Como ponto-final sobre os motivos ocultos, temos que reconhecer que eles podem ser muito difíceis de mudar. Uma razão para isso é que não estamos totalmente cientes do que eles são! Mas mesmo que possamos lidar com isso (através de terapia, prestando atenção nos "humores misteriosos negativos" ou usando o tipo de atividades de definição de metas sobre as quais falamos no capítulo 2), eles costumam ser características de longo prazo de nossa personalidade. Não é impossível mudar sua personalidade, mas normalmente isso envolve fazer pequenos ajustes no caminho, sem inverter o curso.[5] Eu poderia me tornar uma pessoa menos agradável, com certeza. Mas provavelmente não conseguiria me transformar em alguém que não se importa com o que outras pessoas pensam. Homens que foram criados de forma tradicional provavelmente podem mudar um pouco seus padrões de masculinidade, ou aprender a se importar menos se eles parecem femininos. Mas para muitos homens será difícil se livrar dessas questões completamente.

Observe que *desistir de metas* é uma estratégia que também podemos considerar para conflitos dentro da meta. Quando encontramos um conflito genuíno dentro do objetivo, em contraposição a um que é realmente apenas uma versão disfarçada de dois objetivos conflitantes diferentes, tentar se livrar de um dos concorrentes pode ser o melhor caminho. Se o que o dançarino pentecostal ama na dança (digamos, a sensação de abandono sensual) for exatamente a mesma coisa de que Deus não gosta, ele tem um conflito interno genuíno. Ele não pode desfrutar da sensualidade da dança *e* abster-se de dançar para agradar a Deus. Uma dessas coisas, ele precisa abandonar. Às vezes temos conflitos sobre as pessoas dessa maneira, como em um relacionamento de "amor e ódio". Os verdadeiros relacionamentos de amor e ódio são difíceis e dolorosos. O caminho para a realização de um valor maior é parar de amar ou odiar para que você possa seguir em frente no relacionamento ou partir para um melhor.

Quando somos capazes de identificar objetivos ruins, existem estratégias diferentes para nos livrarmos deles ou (como no caso das partes teimosas da nossa psique) afrouxar seu domínio: psicoterapia, terapia comportamental, livros de autoajuda, coaching, grupos de apoio, meditação, e assim por diante. Deixar um cônjuge abusivo, superar o vício, treinar novamente seus padrões de pensamento para não se achar inútil são algumas das coisas mais difíceis de fazer na prática, e não sou especialista nisso. Mas, quando vemos claramente a natureza do conflito e a solução certa, esses não são casos filosoficamente difíceis. Não é difícil saber o que *pensar*. Na verdade, é muito difícil seguir com a ação.

Do ponto de vista de encontrar uma maneira de pensar o conflito, os casos mais desafiadores, no entanto, são aqueles em que os valores que não podemos abandonar entram em conflito. Nesses casos, precisamos de outra estratégia.

REINTERPRETAR NOSSOS VALORES

Priorizar nossos objetivos, ajustar os meios aos fins e nos livrar de objetivos ruins são estratégias que levam tempo em muitos tipos de conflitos. Mas às vezes os conflitos entre valores mais fundamentais não podem ser resolvidos dessa maneira. Geralmente, não é possível nem desejável desistir de um valor final. A maioria de nós não pode desistir do "trabalho" ou da "família", mesmo que estejam em conflito. E encontrar novos meios para nossos fins nem sempre resolve o problema.

Uma terceira estratégia surge quando pensamos no fato de que muitos de nossos valores finais estão abertos à interpretação, não apenas quanto à melhor maneira de alcançá-los, mas também sobre o que significaria alcançá-los em primeiro lugar. Por exemplo, a maioria das pessoas que têm filhos querem ser bons pais. Mas elas não avaliam o que é ser um bom pai da mesma maneira. Algumas pensam que ser uma boa mãe exige fazer bolinhos para cada venda de bolos da escola e aprender a tocar violino com os filhos. Outras pensam que significa simplesmente manter os filhos alimentados e vestidos. Da mesma forma para a amizade, algumas pessoas pensam que ser um bom amigo significa estar sempre disponível para qualquer ajuda que o outro possa precisar. Outras acham que significa passar algumas horas juntos uma vez por mês. Algumas ainda pensam que um bom amigo é apenas alguém com quem é fácil conversar, não importa quanto tempo tenha se passado desde a última vez que se viram. Existem várias maneiras de pensar sobre o que é ser um bom pai, um bom amigo, um bom filho ou filha, e assim por diante.

Podemos ver que existem formas alternativas de entender certos valores principais quando olhamos para outras pessoas. Provavelmente todos nós conhecemos pais do tipo que faz bolinhos caseiros e aqueles que mantêm os filhos bem alimentados e vestidos. A maioria de nós também pode observar várias formas de valorizar a aptidão física em nosso círculo de amizades. Tenho amigos cujos objetivos de condicionamento físico são alcançados caminhando uma vez por semana e fazendo um exame físico anual, e outros que não ficam satisfeitos a menos que estejam treinando para triátlons. É mais difícil ver em nosso próprio caso que poderíamos interpretar nossos valores de maneiras diferentes. Por que isso? Acho que é porque a forma como pensamos sobre o que significa cumprir nossos valores influencia nossos planos e nossa maneira de ver o mundo. Nossos objetivos secundários, nosso senso de identidade, nossos julgamentos sobre o que devemos e não devemos fazer, nossas crenças sobre sucesso e fracasso estão todos entrelaçados com a maneira específica como entendemos nossos valores. Quando você é o tipo de pessoa que acredita que se exercitar significa fazer triátlons, provavelmente também é o tipo que acredita que passear com o cachorro pela vizinhança não conta como exercício e que continuar melhorando seu tempo é uma meta importante. Quando você é o tipo de pessoa que acha que ser um bom pai exige fazer tudo do zero e à mão, também é o tipo que pensa que comprar uma fantasia de Carnaval no supermercado é sinal de fracasso. Metas e valores formam padrões que se reforçam mutuamente e fazem com que nossa maneira de ver as coisas pareça natural e inevitável.

Da forma como penso sobre valores – incluindo desejos, emoções e pensamentos –, isso faz todo o sentido. Quando valorizamos algo plenamente, nossos desejos, emoções e pensamentos estão todos ligados de uma forma que torna difícil ver como as coisas poderiam ser diferentes. No entanto, podemos ver que outras pessoas valorizam, de maneiras diferentes, as mesmas coisas que valorizamos. Ver isso em outros deveria nos ajudar a perceber que podemos fazer essas mudanças em nós mesmos, se necessário.

E, às vezes, temos que fazer. Temos valores finais básicos que não podemos abandonar. Nós nos acomodamos em um ritmo por causa de como fomos criados ou porque nos convém no momento. Mas os ritmos com os quais nos acostumamos não são necessariamente os mais tranquilos. À medida que mudamos e nossas circunstâncias mudam, começamos a ver conflitos. Uma solução é ver o que significa defender esses valores de maneira diferente. Essa é a estratégia da reinterpretação.

Vamos começar com um exemplo simples: eu costumava frequentar aulas de ioga nas quais tinha objetivos ambiciosos. Eu estava trabalhando para recuperar minha capacidade de fazer as aberturas e fazer uma parada de mão, algo que achava muito legal. Então machuquei meu ombro, distendi um tendão e tive que repensar a ioga. Eu precisava pensar em um objetivo mais abstrato do que "fazer uma parada de mão" e provavelmente também mais abstrato do que "praticar power ioga". Eu precisava mudar para os valores mais centrais de "manter a flexibilidade" ou mesmo "manter-me saudável" antes que pudesse alçar voos mais altos. Quando você lesiona os joelhos, lá se vão as maratonas, mas, se você vê os valores finais em jogo aqui, como "desfrutar da competição esportiva" e "manter a forma", pode se concentrar em caminhar ou nadar e parar de correr.

O envelhecimento é uma causa igualitária da necessidade de reinterpretar nossos valores. Para mim, envelhecer tem sido um processo surpreendente. Na minha juventude, mesmo na casa dos 30, pensei que estava em uma trilha bastante linear de "descobertas". Achei que, quando fosse mais velha, entenderia tudo, passaria feliz pela velhice e não teria mais crises existenciais sobre o que estava fazendo e o que importava na vida. Foi uma lição meio amarga descobrir que não é assim que a vida funciona, pelo menos não para mim ou para outras pessoas mais velhas com quem conversei. Em vez disso, pelo fato de nossa ménte, corpo e circunstâncias mudarem, temos que continuar descobrindo as coisas. Continuando com o exemplo simples da ioga, honestamente, aos 30 anos, eu acreditava que sempre faria power ioga e que seria capaz de fazer espacates aos 40. Agora sou mais especialista em pose de cadáver. Olhando amigos e familiares à minha volta, acho que tive muita sorte. Nenhuma cirurgia importante, nenhuma morte de um ente querido próximo, nenhuma doença grave (além da que tive durante toda a minha vida). Desgraças acontecem, como dizem, e, quando o acontecimento afeta nossos valores, temos que fazer ajustes.

Esses exemplos de atividades físicas são relativamente simples. O corpo envelhece e temos que mudar a forma como pensamos a respeito do sucesso, ou sempre estaremos fracassando. Acho que vale a pena discutir esses exemplos, porque eles trazem um ponto importante: nem sempre vemos essas mudanças necessárias como *mudanças*. Em vez disso, pensamos nelas como desistência ou rendição. Por quê? Não precisamos ver as mudanças como rendições, e frequentemente é melhor não agir assim. Quando nos perguntamos o que está indo bem em nossa vida, se temos os objetivos certos, não temos outra opção senão confiar em alguns dos nossos valores. Se for assim, então é melhor (mantidas todas as outras coisas como estão) reinterpretarmos nossos valores do que mudá-los sempre que pudermos. Abandonar os valores desestabiliza o sistema de metas e valores nos quais confiamos. A reinterpretação nos dá mais estabilidade, uma sensação melhor de que estamos no caminho certo. Em outras palavras, é melhor pensar que eu valorizo minha saúde e estou encontrando novas formas de manter minha flexibilidade à medida que envelheço do que pensar que eu adorava ioga, mas desisti.

A cláusula "mantidas todas as outras coisas como estão" é importante. Conforme discutimos na seção anterior, existem alguns valores – como ser rico e famoso – que provavelmente devemos abandonar se pudermos. Ser rico e famoso não apenas é ruim para nossos outros valores, mas também é difícil de reinterpretar de uma forma que se adapte às mudanças em nossas circunstâncias e personalidades. Isso tem a ver com o fato de que o padrão "ser rico" ou "ser famoso" é definido por forças que estão além do nosso controle. Se você mora em uma comunidade na qual todos os seus amigos dirigem um Porsche, você não é rico se só puder comprar um Hyundai usado. Você pode alterar seus padrões para quanto dinheiro deseja mudando de "o suficiente para ser rico" para algo razoável como o suficiente para se sentir confortável, o suficiente para tirar boas férias, o suficiente para mandar os filhos para a faculdade. E, então, o que você estará fazendo é abandonar o "ser rico" como valor final. Com a fama é muito parecido. Se a fama é seu objetivo final, você está à mercê do seu público. Você não é famoso simplesmente porque as pessoas não sabem quem você é.

Com outros valores, no entanto, muitas vezes mudamos nossa interpretação do que valorizamos, em vez de abandoná-los ou fracassarmos. No caso dos esportes, o que estamos tentando fazer é focar o que realmente valorizamos na atividade e descobrir formas de continuar fazendo isso, apesar do envelhecimento dos nossos joelhos/ombros/pulmões/tudo. Por outro lado, quando se trata de ser rico, estou sugerindo que não se trata necessariamente do dinheiro que queremos ganhar. Em vez disso, o que importa é o que o dinheiro nos permite realizar quando pensamos nas coisas que realmente importam para nós. No caso da fama, quando tentamos nos concentrar no que é valorizado, acho que reconhecemos que não há nada na fama que valha a pena desejar. Em vez disso, o que é valioso é ter algo como nosso trabalho reconhecido e recompensado. Esse é um valor razoável que podemos reinterpretar para que busquemos o reconhecimento de pessoas importantes, não apenas de um bando de estranhos aleatórios nas redes sociais.

Atividades físicas, como esportes, são bons exemplos de objetivos que podemos reformular identificando os valores que eles invocam. Podemos mudar o esporte específico ao qual estamos apegados em resposta às mudanças físicas – de power ioga para um alongamento suave, de corrida para natação – encontrando algo no valor do nosso esporte que podemos obter de outras maneiras. Ou podemos adaptar os padrões de sucesso às nossas novas capacidades (ou à falta delas). Em outras palavras, podemos mudar a forma como pensamos sobre o que significa ser um corredor, dançarino ou jogador de basquete. Podemos ajustar nossa distância, nossa velocidade e nosso nível de competitividade. Para nos afastarmos da emoção da excelência, podemos adicionar novas dimensões ao nosso esporte: participar de um grupo de corrida para que a corrida se torne social, fazer uma aula para iniciantes em uma nova modalidade de dança para que a dança se torne mais mental e menos desafiadora fisicamente, ser um voluntário para arbitrar jogos de basquete para um grupo de jovens locais, para que possamos ajudar outras pessoas a aproveitar o esporte com menos risco para os nossos tornozelos.

Os esportes não são o único exemplo de objetivos que podemos reformular e reinterpretar apelando aos valores. Um processo de pensamento semelhante pode ser usado com muitas atividades. Se você ama piano, mas mora em um apartamento, existe alguma forma de pensar sobre o que você ama no piano que poderia ser realizado de outra maneira? Você ama algum tipo de música que poderia tocar ou apreciar sem um piano? Seriam as habilidades que você deseja aprender e, em caso afirmativo, você poderia aprendê-las em um teclado eletrônico? Quando nossos objetivos entram em conflito uns com os outros – ou com o mundo – de maneiras que não nos permitem realizá-los da forma usual, podemos buscar o que realmente está em jogo (o que realmente valorizamos) e podemos realizar de uma forma diferente e mais harmoniosa.

A estratégia de reinterpretação também é útil quando se trata de trabalho. Uma coisa que às vezes causa uma crise nas pessoas que foram muito ambiciosas na carreira é a percepção de que não salvaram o mundo, não reinventaram a roda nem fizeram o que quer que pensassem que fariam quando tinham 20 e poucos anos. Para essas pessoas, pode ser útil reformular o sucesso na carreira em termos de contribuição para um empreendimento cooperativo, em vez de se apegar a um modelo de sucesso que é mais voltado para um jovem de 20 e poucos anos cheio de energia e com todo o tempo do mundo. No meu trabalho, a reinterpretação ajudou no conflito entre o objetivo de ser uma filósofa de sucesso e ser uma boa pessoa. À medida que envelheci, cansei de me sentir uma impostora e me tornei mais aberta a comentários positivos sobre meu trabalho de pessoas que o apreciavam. Isso me levou a pensar sobre os dois objetivos de maneira diferente. Decidi que ser uma filósofa de sucesso não significa publicar em periódicos que não aceitam o tipo de artigo que considero valioso escrever. Existem outras formas de publicar. Ser uma boa pessoa não significa nunca causar desconforto a ninguém. Às vezes, as pessoas precisam ficar desconfortáveis, porque o que elas querem de você não é razoável, e eu não estou sendo uma pessoa má se me afirmo.

Encontrar os melhores meios para nossos fins não é a única coisa que podemos fazer quando refletimos sobre nossos valores. No final das contas, também temos a capacidade de ajustar quais são nossos valores e focar as partes deles que funcionam melhor para nós.

A REALIDADE IMPORTA

O objetivo final de todas essas estratégias – ajustar os meios aos fins, priorizar, descartar objetivos nocivos, reinterpretar os valores finais – é, de fato, *realizar* nossos valores e *ter sucesso* em relação às coisas que são genuinamente importantes para nós. Para fazer isso, precisamos ter uma avaliação realista de nossas circunstâncias e de nossas habilidades diante dessas circunstâncias. O realismo está embutido em todas as estratégias que consideramos. O terceiro tipo de conflito mencionado no início deste capítulo – conflito entre nossos valores e o ambiente – está sempre em segundo plano enquanto estamos descobrindo as coisas. Precisamos entender a nós mesmos para saber quais valores nos trazem fluxo, precisamos enfrentar os fatos do envelhecimento para compreender a importância de ressignificar alguns dos nossos valores finais, precisamos enfrentar os limites do nosso tempo para reconhecer os problemas causados por nossos conflitos, e assim por diante. Para vivermos bem, temos que encarar os fatos.

Ou não precisamos?

Na verdade, existe outra opção: a ilusão! Talvez o que estejamos aprendendo com nossa era de "fatos alternativos" seja que realmente nos importamos apenas com o que sentimos, independentemente de nossos sentimentos corresponderem ou não à realidade. Talvez, quando se trata de realizarmos nossos valores finais, devêssemos nos preocupar apenas com a aparência deles, não com o que realmente são. Existe um famoso experimento de pensamento filosófico chamado "máquina da experiência" que visa mostrar que, na verdade, não nos importamos apenas com nossos próprios sentimentos.[6] A máquina da experiência é controlada por neurocientistas extremamente confiáveis e habilidosos que a programam para imitar perfeitamente a realidade, exceto por uma coisa: se você se inscrever para se conectar a ela, terá experiências mais felizes e agradáveis do que se continuasse normalmente em sua vida real. O filósofo que apresentou esse experimento mental, Robert Nozick, acredita que as pessoas não participariam. Ele acha que preferimos nos relacionar com pessoas reais, interagir com o mundo real e realizar coisas reais, mesmo que não pareça tão bom quanto a vida falsa.

Os estudantes de Ética que confrontaram esse experimento mental pela primeira vez têm todo tipo de perguntas: E se os neurocientistas morrerem? E se a máquina quebrar? Quanto tempo dura o contrato? Você pode levar sua namorada com você? E se você precisar de um pouco de dor para experimentar a verdadeira alegria? Mas essas perguntas geralmente perdem o foco. O cenário fictício tem um único objetivo: focar nossa atenção na pergunta se nos preocupamos apenas com o que sentimos ou se também nos preocupamos com o que realmente acontece. A situação não precisa ser muito realista para servir a esse propósito, então Nozick (ou qualquer professor de Ética que ensine isso em sua aula) continua modificando o experimento mental para forçar os participantes a enfrentar essa pergunta. Por exemplo, a resposta à pergunta sobre se precisamos de um pouco de dor para apreciar a verdadeira alegria é que, se fosse esse o caso, a máquina seria projetada para proporcionar tanta dor quanto precisássemos para obter mais prazer, porque sua característica definidora é que ela garante uma soma total maior de bons sentimentos.

Depois que meus alunos entendem o exemplo, a maioria deles ainda diz que não concordaria em se envolver nisso, embora entendam que realmente proporcionaria mais prazer. Acho que esses alunos são a norma. A maioria de nós se preocupa com a realidade, em realmente fazer as coisas, em vez de apenas pensar que estamos fazendo. Mas os alunos que dizem que aceitariam têm um último desafio: "Como isso poderia importar, se você não consegue saber a diferença?". É uma característica da máquina que você não saberia que estaria nela. Você pensaria que sua vida é real, mesmo que na verdade estivesse apenas deitado em um laboratório conectado a um grande computador. Os alunos resistentes tendem a dizer: "Se você acha que é real, qual é a diferença?". O que meus alunos precisam é de uma distinção filosófica entre ontologia (o que é) e epistemologia (o que sabemos). Do ponto de vista do que é, há uma grande diferença entre a *Valerie deitada em um laboratório acreditando que está escrevendo um livro* e a *Valerie sentada com seu laptop escrevendo um livro*. Isso é verdade, mesmo que eu não saiba qual dessas duas pessoas seja realmente eu. O mundo não é limitado pelo que podemos saber sobre ele. Então, posso me perguntar com o que realmente me importo. Eu me importo em escrever um livro? Ou me importo em acreditar que estou escrevendo um livro? Obviamente, eu me importo em escrever um livro real que outras pessoas reais possam ler! Isso faz diferença sobre como vou deliberar, planejar e escolher. Não vou escolher me consultar com um hipnotizador que poderia me fazer acreditar que escrevi um livro. Em vez disso, vou começar a escrever de verdade.

Pensar na realidade virtual levanta outro problema para a estratégia da ilusão. É muito difícil sair dela! Imaginar uma vida virtual indistinguível da vida real exige muita interrupção da descrença e uma enorme dose de confiança nos neurocientistas que controlam a máquina. Na vida real, não é fácil empregar intencionalmente uma estratégia de autoengano. Por um, antes de ser iludido com sucesso, você deve reconhecer que está tentando acreditar em coisas falsas. Por outro lado, a realidade tende a nos atacar pelas costas.

Um último ponto sobre a estratégia da ilusão e nosso atual momento de fatos alternativos, fake news e teorias da conspiração. Alguns leitores podem entender esses fenômenos como evidência de que muitas pessoas não se importam com os fatos. Não concordo. As teorias da conspiração oferecem explicações grandiosas e unificadoras que *justificam* a crença em muitas mentiras ao mesmo tempo. Se as pessoas não se importam com a realidade, por que se importariam com essas teorias sofisticadas?

Me parece que elas se importam muito com a realidade, apesar da nossa situação atual. Só que elas também têm outros objetivos que competem com seu interesse pela realidade e administram o conflito criando teorias que elas acreditam que explicam todas as evidências.

Embora a vida de ilusão possa oferecer alguns prazeres, mantenho meu compromisso com a realidade quando se trata de realizar nossos valores. Para encontrar os valores certos e persegui-los de forma correta, precisamos entender nossa situação com exatidão.

Já discutimos como obter uma autocompreensão mais exata no capítulo 3. Infelizmente, a pergunta "Como obtemos um conhecimento exato sobre o mundo?" é muito genérica para ser respondida por qualquer pessoa. Felizmente, a maioria dos seres humanos já tem um bom senso apurado sobre isso. Sabemos que devemos avaliar as evidências com a mente aberta e devemos ter alguma humildade sobre o que não sabemos. Isso é difícil de fazer porque nós, seres humanos, temos a tendência de buscar informações que confirmem o que achamos que sabemos e a evitar informações contrárias. Essa tendência é chamada de "viés de confirmação" e parece estar ativa na maioria de nós.[7] Isso pode ser especialmente verdadeiro quando se trata do conhecimento dos nossos próprios pontos fortes e fracos: gostamos de pensar em nós mesmos como melhores do que somos e melhores do que a média. Aparentemente, a maioria das pessoas acha que dirige melhor do que a média.[8] Nem todas estão certas!

Então, sabemos o que fazer: buscar e avaliar as evidências com humildade e mente aberta. Mas não é fácil. A boa notícia é que ter uma visão clara dos nossos valores pode nos motivar a usar essas ideias que já temos. Em geral, quando entendemos o que é importante para nós, também vemos que a sua realização ou não depende do mundo além dos nossos próprios pensamentos e sentimentos. É por isso que a estratégia da ilusão não funciona para nós. Se você quer escalar montanhas em parte por causa da conquista, então precisa realmente fazer a escalada, e é melhor ter uma ideia precisa de como chegar ao topo. Se você quiser ajudar a aliviar o sofrimento de um amigo, será bom saber alguns fatos sobre os sintomas os tratamentos para o problema específico dele. Realizamos nossos valores vivendo de fato de acordo com os padrões que eles nos proporcionam, não fingindo. E isso nos dá alguma motivação para sermos realistas.

Isso é verdade mesmo quando se trata da sua própria personalidade. Se o que me interessa é apoiar as mulheres na minha área, preciso ouvi-las. Não basta *pensar* que ouço homens e mulheres com a mesma atenção, se na verdade estou me apegando às palavras de cada "irmão da filosofia" por aí e ignorando uma jovem assim que ela começa a falar.[9] Se o que eu realmente valorizo é ser um bom ouvinte, não é uma boa tática acreditar que eu sou o que eu penso que sou quando todos os meus amigos acham que sou totalmente egocêntrica. Se eu quero ser um atleta ou músico de primeira classe, tenho que estar à altura dos padrões mais elevados. Não sou de primeira classe só porque sinto que sou. Nossos valores fazem exigências! E eles exigem coisas que estão além do nosso controle. A única forma de descobrir se estamos atendendo a essas exigências é procurar evidências com humildade e mente aberta.

Fazendo um balanço: vimos que viver uma vida em que conquistamos aquilo que importa nos mantém em um processo de identificação e refinamento de valores. Isso envolve identificar seus valores mais finais, colocá-los em ação, reconhecer conflitos entre seus objetivos, reduzir esses conflitos, encontrando novos meios para atingir seus objetivos, e eliminar objetivos ruins ou reinterpretar o que eles realmente significam. Devemos ter em mente toda a nossa gama de valores finais, que provavelmente incluirão saúde, autonomia, segurança e relacionamentos com outras pessoas. Mas também devemos ter uma avaliação realista de nossas circunstâncias e o que elas significam para nossa capacidade de atingir nossos valores.

5
VALORES EM UMA CULTURA INJUSTA

Duzentos anos atrás, o fato de eu ser mulher certamente teria me impedido de ensinar Filosofia em uma universidade. Eu também teria morrido jovem por causa do diabetes, o que teria afetado significativamente a busca dos meus valores. Ao longo da história e neste momento, eu não poderia escalar o monte Everest com meus pés descalços e não poderia saltar de parapente dos penhascos de Dover. Essas barreiras não são todas iguais. As mulheres foram excluídas da filosofia por muito tempo por causa do mundo social e suas normas sexistas. Antes da descoberta da insulina, era apenas um fato biológico que os diabéticos não viveriam por muito tempo. Os obstáculos à minha escalada com os pés descalços são fatos físicos sobre a escalada e a natureza dos pés. Minhas limitações no parapente têm a ver principalmente com altura e medo. A razão pela qual me sinto uma impostora em filosofia e a razão pela qual não consigo escalar o Everest descalça são bem diferentes.

Uma diferença entre essas barreiras é que algumas delas são internas e outras externas. O gelo no Everest é uma barreira externa. Meu medo de altura é uma barreira interna. As barreiras à realização de valores também diferem em termos de como as avaliamos. Pensamos que algumas barreiras (como o preconceito) são ruins e não deveriam existir, enquanto estamos dispostos a conviver com outras (como a altura de uma montanha). Observe que essas "barreiras ruins" podem ser internas (o sexismo pode me fazer pensar que não deveria ser uma filósofa) ou externas (duzentos anos atrás, eu não teria sido aceita na maioria das universidades). Observe também que as barreiras de qualquer tipo variam em termos do nível de dificuldade em mudá-las. Algumas – a altura do Everest, por exemplo – não podem ser alteradas. Outras – como meu medo de altura – poderiam ser superadas em poucos anos. Outras ainda – como o preconceito – podem ser modificadas em prazos mais longos.

As barreiras que achamos que deveriam mudar – especialmente as barreiras injustas ou desleais – serão o foco principal deste capítulo. Viver na cultura sexista atual dos Estados Unidos é diferente em aspectos importantes, comparado a viver em um mundo em que uma pessoa não pode escalar o topo do Everest com os pés descalços. A cultura sexista é algo que muitos de nós valorizamos mudar, enquanto a situação do montanhismo é algo que a maioria de nós está muito disposta a aceitar. Normas sociais injustas são como insetos rondando em sua teia de valores. Eles precisam ser estrangulados na teia, e não receber um trono para se sentar.

Para afirmar o óbvio, o sexismo não é o único culpado. São muitos os casos em que a realização de valores é prejudicada por algo que julgamos injusto e desnecessário. Pense, por exemplo, nas formas pelas quais o racismo – um exemplo dolorosamente óbvio – afeta os valores dos pais negros nos Estados Unidos.

Lembre-se, do capítulo 3, da tristeza de Martin Luther King Jr. com as formas pelas quais o racismo prejudicou o senso de valor de sua filha. Ou pense nos pais negros que têm de conversar com seus filhos e filhas sobre como se comportar para reduzirem o risco de serem intimidados injustamente, ou algo pior, pela polícia. Os pais valorizam o bem-estar de seus filhos, e o racismo bloqueia esse valor.

Para arriscar afirmar o óbvio novamente, a injustiça costuma ser tão profundamente arraigada e tão limitante que impede as pessoas de fazer qualquer coisa para mudá-la. Para pessoas cujas necessidades básicas não são atendidas, a injustiça pode ser quase tão imutável quanto a altura de uma montanha. Como mencionei no prefácio deste livro, esses obstáculos são um tremendo impedimento para o bem-estar de milhões de pessoas no mundo, mas estão muito além do meu conhecimento. Em vez disso, meu foco neste capítulo é esclarecer como nós – aqueles que têm a sorte de ter uma escolha – devemos reagir às barreiras injustas impostas à realização dos nossos próprios valores.

É importante abordar esse tópico, pois minha ênfase na redução de conflitos pode soar como um conselho errado sobre isso. Se o sexismo está bloqueando sua capacidade de subir a escada corporativa, pare de se preocupar com o sucesso nos negócios! Se o preconceito está dificultando que você seja levado a sério como músico clássico, desista do violino! Afinal, se é um bom conselho para um diabético míope desistir de ser astronauta, por que não seria também um bom conselho para as mulheres desistirem de ser filósofas, dentistas ou executivas?

A resposta, penso eu, é que resistir à injustiça é um valor convincente: não é tão desesperador quanto escalar uma montanha descalço, é um objetivo com o qual muitos de nós já nos preocupamos. E podemos encontrar comunidades de pessoas com ideias semelhantes que podem fortalecer nossa percepção de que é um valor que vale a pena ter. Não que seja fácil valorizar a luta pela justiça: o enfrentamento de forças sociais que fazem mal para nós e para os outros – e que acreditamos que poderiam ser diferentes – apresenta novos desafios no processo de resolução de nossos conflitos de valores.

A REALIDADE DA SOCIALIZAÇÃO, SEXISMO E CONFLITO

Para examinar esses desafios, voltemos ao conhecido problema do equilíbrio entre trabalho e vida pessoal. Esse conflito de objetivos certamente é afetado por expectativas e restrições sociais e ocorre de forma diferente para diversos grupos de pessoas. Pelo menos nos Estados Unidos, no século XXI, os homens brancos foram tipicamente julgados por não serem suficientemente ambiciosos. As mulheres brancas, por outro lado, foram julgadas por trabalharem demais e não ficarem em casa com os filhos, ou por simplesmente optarem por não ter filhos. As mulheres negras são julgadas por não trabalharem o bastante e por não passarem tempo de qualidade suficiente com os filhos, sujeitando-as a um dilema impossível. Na cultura *workaholic* dos Estados Unidos, todos são julgados por gastarem tempo com coisas frívolas que não rendem dinheiro ou por não cumprirem um papel social normal. Essas expectativas podem limitar as possibilidades de reinterpretar nossos valores.

Pior ainda, para as mulheres, certos valores encorajados pela nossa cultura (cuidar das pessoas, deferência, modéstia) muitas vezes estão em total conflito com os objetivos da carreira (sucesso, remuneração, respeito). Muitos escritores e acadêmicos apontaram que a socialização feminina entra em conflito com os objetivos de carreira; o que foi responsabilizado pela diferença salarial entre homens e mulheres e pelo fato de haver poucas mulheres em cargos de liderança.[1] Suponho que a maioria das mulheres que leem este livro tenha alguma experiência pessoal que se encaixa nessa categoria de conflito de metas. Mas não acho que esse exemplo interesse apenas às mulheres, porque os homens que valorizam cuidar uns dos outros enfrentam conflitos semelhantes, embora não idênticos. (Não posso deixar de notar que apontar isso é uma espécie de consideração. Eu tenho lido obras de filosofia redigidas principalmente por homens há trinta anos, e nenhum deles jamais se preocupou com o fato de que seus exemplos talvez não funcionassem para suas leitoras!)

No meu próprio caso, experimentei o conflito entre desejar ser uma filósofa de sucesso e desejar ser querida e aprovada pelos outros. Os momentos ao longo da minha carreira em que esses objetivos estavam obviamente em lados opostos permanecem em minha mente como lembranças dolorosas. Depois de discutir um assunto em voz alta em um seminário de pós-graduação, um dos meus colegas, presumindo que a menstruação deveria explicar minha reação, perguntou se eu estava "naqueles dias". Em um jantar no qual manifestei meu interesse em participar de um projeto para o qual o colega sentado ao meu lado acabara de ganhar uma bolsa generosa, um segundo colega me disse: "Ei, calma, garota". Depois de uma palestra que ministrei na qual um psicólogo da plateia conversou longamente comigo sobre uma possível colaboração, um colega comentou que o homem provavelmente havia manifestado interesse porque queria dormir comigo. Apesar de ter tido experiências como essas, considero-me relativamente afortunada. Nunca fui agredida ou assediada de uma forma que me traumatizasse. Mas o conflito entre ser uma filósofa de sucesso e ser socialmente aceita – um conflito enraizado no sexismo – certamente prejudicou minha realização de valores em geral.

Felizmente, algumas dessas experiências foram reduzidas com a idade. Não tão felizmente, novas versões desses conflitos alimentados pelo sexismo surgiram quando assumi a liderança acadêmica. Quando as mulheres assumem posições de liderança, o conflito ocorre no contexto de mulheres assertivas sendo percebidas como "mandonas". Tenho um par de meias cor-de-rosa decoradas com a mensagem "NÃO SOU MANDONA. EU SOU A CHEFE". Por que eles fazem meias rosa com essa mensagem? Acho que é porque as mulheres que são chefes são chamadas de mandonas como um insulto. As mulheres que dizem a outras pessoas o que fazer não estão defendendo os valores que as mulheres deveriam defender. Elas não parecem carinhosas nem respeitosas. Quando me tornei chefe do meu departamento, achei difícil lidar com esse conflito. (Chefes de departamentos acadêmicos na área de humanas gerenciam o corpo docente e a equipe e são responsáveis por avaliações de mérito, promoções e pelo currículo, entre outras coisas. Em geral, têm muita responsabilidade, mas muito pouco poder real.) Resolvi o problema encontrando uma forma de fazer exigências que não parecessem ameaçadoras, muitas vezes usando autodepreciação e humor para suavizar o pedido. Isso funcionou, mas foi igualmente *exaustivo* (e um pouco humilhante).

Também me senti profundamente incomodada com os conflitos entre meus colegas. Esses confrontos literalmente me mantinham acordada à noite e ocupavam cada segundo acordada.

Meu desejo de me relacionar bem e ver os outros se relacionarem bem, minha aversão geral ao desacordo tornavam doloroso ver pessoas inteligentes se comunicando mal. O que fiz a respeito disso? Gastei muito tempo e energia pensando em como ajudar meus colegas a se darem bem e nos orientarmos no mesmo caminho. Isso contribuiu para meus objetivos de cuidadora e também para *alguns* dos meus objetivos de carreira (porque acho que bons administradores devem gerenciar as divergências em suas equipes). Mas me tirou da minha pesquisa e do ensino, as duas coisas que sempre amei em meu trabalho. Eu tinha problemas de concentração, não conseguia ler nada além de e-mails e não conseguia pensar com clareza sobre minha própria pesquisa. Nos últimos anos, o colega que foi chefe de departamento antes de mim me perguntou por que eu não estava pensando em prolongar meu tempo de serviço. Do ponto de vista dele, ser chefe de departamento dava pouquíssimo trabalho e a redução das funções docentes lhe dava mais tempo para fazer suas pesquisas. Não acho que esse colega discordaria do fato de que não realizou o tipo de trabalho emocional que eu realizei. Para mim, gerenciar relacionamentos consumia tanto tempo e energia que quase não sobrava nada para me dedicar a escrever.

O que descrevi são conflitos entre os objetivos de ser uma boa filósofa e ser uma boa pessoa, de ter sucesso na carreira e cuidado, de ser uma boa líder e ser querida. Como tal, eles estão abertos às mesmas estratégias de ajuste, priorização e reinterpretação que consideramos no capítulo anterior. Mas é importante que conflitos como esses sejam moldados por aspectos do mundo social que muitos de nós gostaríamos de mudar. Essa é uma diferença crucial dos conflitos causados pela limitação de tempo ou pelo envelhecimento. Sim, seria ótimo ter mais tempo, e um dia a mais na semana me ajudaria a resolver alguns conflitos entre meus valores, mas não há injustiça nisso. Todos nós temos o mesmo número de horas. Claro, todos nós preferimos que nosso corpo não envelheça, mas tendemos a considerar o processo de envelhecimento como natural e inevitável, e não injusto. Tentamos atenuar os problemas que ele nos causa, mas não tendemos a identificar isso como algo "contra o envelhecimento". No entanto, normas sociais injustas no local de trabalho podem ser evitadas. E muitos de nós nos identificamos como contrários ao preconceito e à injustiça.

Isso é importante para o modo como pensamos sobre nossos objetivos e valores de duas maneiras. Primeiro, o fato de um mundo social injusto criar conflito para nós é uma boa razão para adotar um novo valor: o valor da mudança social. Em segundo lugar, quando o mundo social que influencia nossos objetivos é injusto, deveria nos fazer pensar que nossos objetivos irrefletidos e culturalmente encorajados – deixar todos felizes e confortáveis e nunca aborrecer ninguém – merecem um escrutínio especial. Se vejo que meu desejo de agradar a todos é fruto de forças que não me beneficiam, isso me faz pensar que esses objetivos precisam mais de mudanças do que os relacionados à minha carreira.

O primeiro ponto – a valorização da mudança social – também será discutido no capítulo 8, mas vale a pena falar um pouco mais sobre isso aqui. Surpreendentemente, pensar de novo sobre a Millicent pode nos ajudar. Para que isso seja útil, teremos que pensar nela como uma tartaruga bastante sofisticada, muito mais parecida conosco do que a real, mas ainda com seus objetivos simples de comer morangos e estar perto do riacho. Agora imagine que as outras tartarugas, por nunca terem provado morangos e terem a mente um tanto fechada, não pensem muito na dieta dela. Então Millicent, além do risco de ser atropelada, enfrenta a dura reprovação de seus pares. Esse fato social acrescenta outro tipo de conflito, supondo que Millicent valorize sua comunidade e sua aprovação. Como a valorização da mudança social ajudaria? Primeiro, essa valorização destaca que o obstáculo não é tão fixo quanto a localização do riacho, o que torna mais fácil manter o interesse dela por morangos. Em segundo lugar, reafirma a crença de que não há nada de errado com o interesse de Millicent por morangos, pelo menos não em virtude da desaprovação social das colegas ignorantes e de mente fechada. Em terceiro lugar, reduz o conflito entre morangos e aprovação. A valorização faz isso permitindo que ela interprete o último objetivo como uma *aprovação razoável*, dadas as falhas de suas companheiras tartarugas. Isso permite que ela interprete "comer morangos" como um *avanço no sentido de comer morangos* à luz dos obstáculos sociais que ela enfrenta.

Não pretendo banalizar a opressão comparando-a com a desaprovação das tartarugas. Mas, às vezes, um exemplo trivial pode nos ajudar a ver algo com clareza, reduzindo todo o ruído criado por um exemplo real. No mundo real, esses mesmos pontos são verdadeiros. No meu caso, valorizar formas de mudar as normas sexistas da filosofia destacou para mim que o conflito que experimentei não é necessariamente permanente. Afirmou meu pensamento de que não sou louca por querer que a filosofia seja diferente. Também reduziu o conflito entre meu desejo de aprovação e meu desejo de ser uma boa filósofa, levando-me a pensar que ser uma boa filósofa seria, em parte, uma questão de contribuir para tornar a filosofia mais justa. Em geral, valorizar a mudança social pode ajudar as pessoas a enquadrar seus valores de maneira a levar a uma maior realização geral.

O quadro que venho pintando pode sugerir a atribuição do ônus da mudança social ao indivíduo que sofre a injustiça e que ele deve valorizá-la como um objetivo. Mas a realidade é que nem sempre isso é possível e certamente não é obrigatório. Algumas pessoas são tão limitadas pela injustiça que há muito pouco que possam fazer. Às vezes, a injustiça está tão arraigada que não podemos progredir, e *valorizar* o progresso é simplesmente desmoralizante. Exigir que as pessoas mais sobrecarregadas por arranjos sociais injustos sejam as responsáveis pela remediação é em si muito injusto. Meu ponto aqui é simples. Se nós, como indivíduos, somos capazes de valorizar a mudança social e buscar a mudança de forma eficaz, isso pode tornar as coisas melhores para nós do ponto de vista da conquista dos nossos valores em geral.

É importante notar também que valorizar a mudança social não é uma opção apenas para aqueles que são prejudicados pela injustiça. Preocupar-se com os outros em nossa comunidade geralmente cria conflitos entre as normas culturais e nossos valores, mesmo que não sejamos os alvos da injustiça. Se a igreja cristã conservadora de Chad não aceita sua amiga lésbica, Chad tem um conflito entre se importar com sua amiga e pertencer àquela igreja. Valorizar a mudança social pode ajudá-lo a construir um sistema de valores que reduza esse conflito, dando-lhe uma razão para encontrar uma igreja mais receptiva ou permitindo que ele se veja atuando para uma mudança que ajudaria sua amiga. Em geral, viver em uma comunidade que trata alguns de seus membros injustamente gera um conflito para quem se relaciona com pessoas maltratadas ou que valorizam a convivência em uma comunidade ética. Para pessoas relativamente privilegiadas, esse conflito talvez não seja tão fácil de enxergar quanto o que existe, digamos, entre ir ao escritório e ficar em casa com um filho doente, mas ele está lá. Ele pode causar sentimentos não reconhecidos de culpa ou vergonha, ou apenas tristeza e decepção. Priorizar a mudança social no seu sistema de valores pode ajudar a entender esses sentimentos e vê-los como uma resposta apropriada à injustiça, e não como um sinal de que você está vivendo sua vida de forma errada.

DESCOBRINDO O QUE IMPORTA EM UMA CULTURA INJUSTA

Reconhecer quando normas culturais injustas moldaram nossos valores tem um segundo resultado: a necessidade de um escrutínio especial desses valores e das barreiras internas que eles impõem. Com o que isso se parece? Como, por exemplo, as mulheres deveriam pensar sobre os valores de carinho, gentileza e modéstia?

Antes de abordarmos essa questão, deixe-me reservar um momento para reconhecer que nem todos são moldados pela cultura da mesma maneira. Certamente conheço mulheres que não internalizaram versões prejudiciais desses valores no grau que eu internalizei. A influência da cultura interage com as experiências únicas das pessoas e suas personalidades individuais. No meu caso, crescer com uma doença crônica teve uma influência profunda. A tecnologia para controlar o diabetes quando eu era criança não era tão boa quanto agora, e era fácil me ver como frágil. Pior ainda, os especialistas que consultei quando era criança me diziam que, se eu não correspondesse exatamente às expectativas deles – *se não os deixasse felizes*, como eu via aos cinco anos –, ficaria cega e perderia meus dedos. Essas características da minha infância me encorajaram a uma profunda internalização das normas de deferência e de agradar a outras pessoas. Algumas mulheres recebem esse encorajamento dos pais, da Igreja, da escola, enquanto outras são fortemente encorajadas a resistir. Da mesma forma, as personalidades e as experiências individuais dos homens influenciarão o quanto eles internalizam as normas de autossuficiência e força. Na verdade, conheço alguns homens que se identificam mais com minha experiência do que com John Wayne. Essas diferenças são importantes, mas ao mesmo tempo existem padrões comuns que vale a pena discutir.

Reconhecer o contexto leva a algumas perguntas: Como eu interpreto esses valores? Quem se beneficia com a forma como eu entendo os requisitos de cuidado, gentileza e modéstia? Esses valores são interpretados da mesma forma por todos? Eu tinha a tendência (não conscientemente) de interpretar o cuidado e a gentileza como a exigência de que eu nunca aborrecesse nem desapontasse ninguém, e a modéstia como a exigência de que eu nunca promovesse meus próprios interesses profissionais. Uma pessoa que tenta nunca aborrecer ninguém e nunca coloca os próprios interesses em primeiro lugar pode ser uma boa pessoa com quem trabalhar. No entanto, o objetivo de nunca decepcionar ninguém simplesmente não é compatível com o sucesso na carreira, seja qual for a compreensão disso, nem é compatível com a saúde mental. Isso também vale para o objetivo de ser querido por todos e o de evitar aborrecer as pessoas ou deixá-las com raiva. A menos que a única coisa que você valorize seja não desagradar a outras pessoas, essas são formas disfuncionais de interpretar os valores de cuidado, bondade e modéstia. Há coisas demais que você não pode fazer se não estiver disposto a arriscar incomodar ninguém. Como diz o adesivo de para-choque: "MULHERES COMPORTADAS RARAMENTE FAZEM HISTÓRIA".[2]

Ao mesmo tempo, cuidado, gentileza e modéstia não devem ser descartados como ervas daninhas. Não quero ser uma idiota arrogante, mesmo que isso elimine o conflito com meus objetivos de carreira! A reinterpretação de carinho, gentileza e modéstia parece ser a estratégia certa aqui. Se o sexismo moldou o que eu acho que esses valores exigem, talvez eu possa aprender a repensá-los como a exigência de algo que não esteja em conflito com ser uma boa filósofa, ser uma boa líder ou ter saúde mental. E com certeza isso é possível. O coração da bondade é a consideração das necessidades e dos interesses de outras pessoas. Isso não significa sempre colocar os interesses dos outros em primeiro lugar ou atender a todos os caprichos. A chave para a modéstia é não pensar que você é melhor do que todo mundo e que a sua palavra é mais importante. Isso não exige pensar que você é menos digno do que qualquer outra pessoa. Os valores gerais encorajados pela socialização injusta não devem ser entendidos como imposição de requisitos injustos.

Observe que, no conflito entre valores estereotipados femininos e objetivos de carreira, as noções de sucesso na carreira também podem mudar. O significado de "um bom filósofo" ou "um líder eficaz" também é moldado por normas culturais que são injustas para as mulheres (e também para os homens negros, embora de formas diferentes). Mas existem outras formas de interpretar o sucesso. Isso é particularmente claro quando se trata de gerenciar outras pessoas. Bons chefes se preocupam em ajudar seus funcionários a fazer seu melhor trabalho. Bons gerentes lideram motivando seus colegas como parte de uma equipe, em vez de impor sua autoridade. Imaginar um líder eficaz que também seja atencioso, gentil e modesto não é tão estranho. Um filósofo gentil, atencioso e modesto pode ser um pouco mais difícil, mas fizemos alguns progressos desde que eu era aluna de pós-graduação!

Os homens experimentam situações comparáveis de conflito que exigem um exame especial. Eles tendem a ser socializados para valorizar a independência, a força e a confiança, e para interpretar esses valores de formas específicas. Para a geração do meu pai, a força era exemplificada por John Wayne e incluía não apenas a força física, mas também um tipo de resistência mental que era incompatível com a demonstração de qualquer emoção. Esse tipo de socialização pode ser menos intenso hoje do que na época do meu pai, mas não desapareceu. Vejamos Robert Vaughn, enfermeiro que foi entrevistado por Shankar Vedantam em 2020 em um episódio do podcast *Hidden Brain*.[3] Vaughn observa:

> Acho que muitos caras que podem entrar na área da saúde estão interessados em saúde e boa forma. Eles estão interessados em ser saudáveis, estar em forma, ser ativos. E então eles estão fazendo muita coisa. Estão correndo maratonas. Eles estão participando de competições de levantamento de peso. Estão entrando em competições de fisiculturismo. E acho que parte disso também pode estar querendo dizer algo do tipo "Ei, sabe de uma coisa, eu não sou tão...". Não tenho certeza que palavras usar. "Não sou um cara tão manso assim." Ou, sei lá... "Não sou afeminado", ou esse estereótipo de enfermeiro. Talvez estejam indo contra o estereótipo do que você pode supor que um enfermeiro seria. E então estão dizendo: "Quer saber de uma coisa? Não sou isso. Na verdade, sou muito viril em outros aspectos".

Vaughn está sugerindo que, para alguns homens que trabalham como cuidadores, parecer masculino de modo estereotipado é uma meta. A psicóloga Jennifer Bosson, entrevistada no mesmo podcast, descobriu que muitas vezes é uma motivação oculta. Bosson, que pesquisa a masculinidade, realizou um experimento no qual pediu a um grupo de homens para fazer uma atividade feminina estereotipada (trançar cabelos), enquanto o outro grupo fazia uma atividade mais "masculina" (trançar cordas).[4] Os homens em ambos os grupos foram informados de que estavam sendo filmados e de que essas gravações seriam assistidas posteriormente por outras pessoas para fins de pesquisa. Concluída a tarefa das tranças, os homens foram informados de que fariam outra atividade, mas poderiam escolher entre um jogo de quebra-cabeça e bater em um saco de pancadas. De acordo com Bosson, os homens que fizeram tranças no cabelo foram muito mais propensos a dar socos do que os que trançaram as cordas. Sua explicação para essas descobertas é que evitar ser percebido como fraco ou feminino funcionava como um objetivo inconsciente, e era ativado nos homens que faziam algo (tranças no cabelo) que ameaçava esse objetivo.

Se Bosson estiver certa, alguns enfermeiros experimentam um conflito entre seus objetivos profissionais e um objetivo oculto de aderir a estereótipos de masculinidade. Uma coisa que esse enfermeiro poderia fazer seria abandonar a enfermagem e se tornar caminhoneiro, trabalhador da construção civil ou dentista. Mas essa não parece ser a melhor solução para o conflito que acabamos de descrever, principalmente para alguém que investiu anos em treinamento e acha o trabalho realmente recompensador. Alternativamente, no caso do enfermeiro e no meu, é possível mudar as motivações ocultas ou partes da nossa personalidade que tornam a vida difícil para nós. Reconhecendo que sua aspiração latente de ser como John Wayne seja o produto de uma cultura injusta, um homem em uma profissão de cuidador pode tentar se livrar dessa aspiração.

Como sabemos, eliminar metas pode ser difícil. Assim, mais uma vez, podemos considerar a estratégia de reinterpretar os valores que estão em conflito. Adotar passatempos estereotipados masculinos pode ser uma maneira sensata de fazer isso, se significar que a "masculinidade" é entendida como algo relacionado ao condicionamento físico, e não ao trabalho. Essa reinterpretação será eficaz se atingir o objetivo oculto de ser "masculino" sem sacrificar o valor do trabalho (ou outros valores importantes, como relacionamentos com outras pessoas). Essa pode ser uma boa forma de reduzir o conflito, principalmente se os hobbies "masculinos" forem agradáveis e adequados à pessoa. Certamente existem maneiras mais destrutivas de provar a masculinidade. Identificar os objetivos conflitantes e reconhecer que levantar pesos, por exemplo, é uma forma de atingir um objetivo sem sacrificar outro representa uma conquista da autocompreensão que pode até desencorajar hábitos destrutivos. Se um homem souber *por que* está levantando pesos, ele estará mais bem preparado para lidar com uma lesão ou outro revés que o impeça de praticar esse hobby. Alguém que não pode mudar sua concepção de masculinidade pode se sentir melhor substituindo o levantamento de peso por outra coisa que o faça se sentir bem consigo mesmo.

A socialização masculina também causa outros conflitos. Homens que são ensinados a pensar que precisam ser independentes, fortes e confiantes podem ter objetivos ocultos de nunca pedir ajuda ou admitir que não sabem alguma coisa. Essas metas podem entrar em conflito com todos os tipos de valores, inclusive ser um pai emocionalmente sintonizado.[5] O processo de reinterpretar valores também funciona aqui. Existem ervas daninhas que podem ser identificadas e arrancadas? Em caso negativo, existem valores que podem ser reinterpretados para reduzir o conflito? Pedir ajuda pode ser visto como uma espécie de força porque exige desafiar as expectativas dos outros? Admitir que você não sabe algo pode ser visto como parte de sua confiança porque você está seguro o suficiente para admitir suas fraquezas? Mais uma vez, observar a maneira como o mundo social influencia nossos valores nos exige a dar uma atenção especial a esses valores e a fazer perguntas que, de outra forma, não teríamos feito.

Nossas comunidades e culturas moldam nossos valores de formas inevitáveis. Às vezes, isso cria conflitos que dificultam o atingimento de nossos valores. Compreender nossa realidade social pode nos ajudar a enxergar o valor de se opor a barreiras injustas, mesmo que não sejam fáceis de mudar. Também pode nos ajudar ao proporcionar algum autoconhecimento. Reconhecer essas forças pelo que elas são pode nos ajudar a ver oportunidades que talvez não sejam perceptíveis quando pensamos nelas como obstáculos naturais e neutros, como a altura de uma montanha. É claro que as forças da cultura que nos tornam quem somos podem ser indesejáveis e menos permanentes do que uma montanha, mas ainda assim são poderosas. Podemos nos perguntar o que acontece quando nossas estratégias de identificação, refinamento e reinterpretação não funcionam. Consideraremos algumas opções no capítulo 6.

6
QUANDO TUDO DÁ ERRADO

Vamos analisar. É bom para nós pode fazer as coisas que nos são importantes. Nem sempre temos clareza sobre o que importa, o que é o mais importante ou como importa, e a experiência do conflito nos leva a encontrar clareza. Refinamos nosso sistema de valores e metas vendo claramente o que são, ajustando como vamos alcançá-los, nos livrando das coisas ruins e reinterpretando o que significam para que possamos persegui-los juntos. O que fazemos quando essas estratégias falham? O que podemos fazer a respeito dos conflitos perpétuos que não podemos reduzir usando qualquer um desses métodos? Essas falhas significam que não estamos no caminho certo?

FAZER AS PAZES COM O QUE NÃO PODEMOS MUDAR

Alguns leitores, em resposta às minhas confissões sobre a experiência de liderança acadêmica, podem ter pensado que eu deveria parar de ser tão sensível! Pare de se importar com o que os outros pensam! Se eu pudesse abrir mão de alguns dos objetivos que a socialização feminina (e diabética) incentivaram em mim, poderia ter aceitado o dinheiro e ido embora! (Em muitas universidades, incluindo a minha, você recebe um pagamento extra para ser chefe de departamento.) Certamente há mulheres que resistiram à internalização das normas femininas com mais sucesso do que eu.

Mas, nas palavras do marinheiro Popeye, eu sou o que sou, e o que sou está preso a alguns conflitos internos. Em geral, não podemos fazer coisas que não somos capazes de fazer, e nossos objetivos e motivos ocultos podem ser incrivelmente persistentes. Sendo assim, o que faremos se acharmos que devemos parar de nos importar tanto com o que os outros pensam ou com ganhar muito dinheiro, mas simplesmente não conseguirmos muito progresso nisso?

Uma segunda melhor estratégia para lidar com objetivos que identificamos como indesejáveis, porém inabaláveis, é tentar ver o humor em nossa imperfeição. Por exemplo, digamos que você seja um enfermeiro que percebe que seu interesse por levantamento de peso se deve em parte ao desejo de parecer masculino. E vamos imaginar que você realmente não goste disso em si mesmo. Você não vê a masculinidade tradicional como um valor importante que deveria defender, mas também percebe que é uma parte bastante enraizada da sua personalidade. Uma opção é abraçar esse aspecto de si mesmo sem endossá-lo de fato, como poderia fazer com as falhas de um amigo. Fazemos isso com amigos o tempo todo: "Ah, o Dom é assim mesmo. Ele está preocupado com dinheiro e fica chato na hora de pagar a conta do restaurante, mas na verdade ele não é uma pessoa mesquinha". "Sim, o Walter é bem esnobe com vinhos, mas você pode debochar dele por causa disso." Da mesma forma, podemos reconhecer nossos próprios aspectos que estão em tensão com o que realmente nos importa, debochar de nós mesmos por causa deles e tentar não permitir que nos motivem a fazer algo prejudicial. Você pode sorrir para si mesmo por querer ser viril enquanto desfruta de sua força e dos olhares de admiração que recebe na academia.

O humor deve vir acompanhado de um pouco de compaixão. Posso simpatizar com o meu pequeno eu que quer que todos gostem dele e sente que não é bom o suficiente para estar onde está. Bem-vindo à festa, síndrome do impostor![1] Isso vem de uma meditação guiada que ouvi uma vez. Jeff Warren, especialista em meditação, sugeriu a seus espectadores que, quando identificarem um sentimento ou um pensamento ruim, "deem a ele as boas-vindas à festa", sem julgamento. Isso se assemelha a rir das partes de nós mesmos que gostaríamos de não ter. É uma forma de diminuir o poder delas tirando seu papel central como nossas inimigas. Se os especialistas em meditação estiverem corretos, acolher essas partes indesejáveis de nós mesmos na "festa" – ou aceitar quem somos sem sermos muito autocríticos, tendo senso de humor sobre isso – também pode ser uma boa maneira de afrouxar o domínio de nossas características indesejáveis. Descobri que, quando eu chamo o que estou sentindo de "síndrome do impostor", os sentimentos de inferioridade diminuem.

Na verdade, quando "fazemos as pazes" desse modo com algum aspecto de nós mesmos, estamos, na verdade, o rebaixando. Estamos dizendo que "esse desejo de agradar a todos não é um valor, mas uma peculiaridade da minha personalidade" ou "essa preocupação com a masculinidade tradicional não é uma prioridade, mas o resultado de uma socialização nociva". É por isso que fazer as pazes não nos deixa inquietos sobre nossos valores, embora não resolva o conflito completamente. Em geral, como vimos, o conflito gera dúvidas sobre nossos valores. Ele nos estimula a investigar e refinar o que é importante para nós. Quando concordamos em viver com alguma parte de nós mesmos que está em conflito com objetivos importantes, o conflito ainda está presente, mas eliminamos a mordida.

Fazer as pazes não significa apenas viver com objetivos que você rejeita e deixá-los ocupar muito espaço em sua vida. A estratégia de "fazer as pazes com isso" não é a solução mais fácil. Fazer as pazes significa recusar-se a se comprometer com seu objetivo indesejável como se ele fosse um valor. Isso exige certo esforço. É fácil ser arrastado de volta aos velhos padrões nos quais aquela parte pegajosa e inútil de si mesmo está comandando o show. Convidar o meu eu prazeroso para a festa não é a mesma coisa que convidá-lo para o círculo de liderança, e tenho que estar atenta para que ele não tente assumir. Como vimos no capítulo anterior, podemos nos ajudar aqui valorizando explicitamente a mudança das forças horríveis que criaram os padrões de que não gostamos. Acho mais fácil manter meu prazer interior na zona de rebaixamento quando estou trabalhando contra as normas que criam mais prazeres internos.

Pense na jardinagem novamente. Algumas das características de nossa personalidade são parecidas com o clima. Simplesmente não há muito o que você possa fazer a respeito. Você não pode cultivar alface no deserto, e não posso ser francamente assertiva sem me sentir um pouco mal comigo mesma. De forma mais geral, para a maioria de nós há coisas que valorizamos e com as quais gostaríamos de não ter que nos preocupar. Ou coisas que gostaríamos de poder valorizar de forma diferente, mas que limitam a forma como é possível reformular nossos outros objetivos.

O caminho adiante para a realização de valor é fazer concessões com as quais você pode conviver, dado onde você está.

Mas será esse o único caminho?

MUDANÇA RADICAL

Uma coisa que podemos dizer sobre as estratégias que consideramos até agora é que elas são conservadoras. Quer estejamos identificando valores ruins, reinterpretando valores bons ou procurando a confirmação de que temos os valores certos, estamos sempre contando com outros valores que temos. Eu já disse isso algumas vezes. Não há perspectiva isenta de valores que possamos adotar para avaliar todos os nossos valores de uma só vez. Mas e se nossos valores estiverem *totalmente* errados? E se o que realmente precisamos for uma revisão completa, ou pelo menos uma grande mudança para algo muito básico e central em nosso sistema de valores? E se nossos valores fossem plantados em um local de lixo tóxico e precisássemos arrancar os velhos carvalhos e substituir todo o solo?

Não é impossível que a vida na qual uma pessoa possa obter a maior realização de valor seja aquela em que ela passa por uma mudança radical: um "transplante de sistema de valores", por assim dizer. As pessoas cujos valores foram moldados por forças externas, insensíveis aos seus interesses, podem acabar com valores tão inadequados que não conseguem chegar a um conjunto melhor apenas consertando os que já possuem. Infelizmente, muitos que estão nessa situação não terão liberdade para experimentar. Se os seus valores foram moldados com sucesso por uma família abusiva ou uma cultura opressiva, sua liberdade de imaginar alternativas também pode estar reduzida. Esse é um problema moral sério que na verdade exige um livro próprio (e, de fato, muitos livros foram escritos sobre isso).[2] Nosso foco no restante deste capítulo serão as pessoas capazes de considerar mudanças dramáticas.

Não experimentei uma mudança radical em meus próprios valores, então não tenho nenhuma experiência pessoal na qual possa me basear. Em vez disso, meus pensamentos sobre esse assunto foram influenciados por memórias e histórias sobre pessoas cujos valores foram fundamentalmente desafiados. Um caso particularmente esclarecedor vem das maravilhosas memórias de Tara Westover, *Educated*.[3] Westover foi criada por pais mórmons fundamentalistas que tinham ilusões sobre o Armagedom iminente e não acreditavam na medicina ocidental. O pai da família era um coletor de sucata que colocava os filhos em grande risco carregando objetos pesados perigosos. Muitos deles sofreram acidentes, ficaram gravemente feridos e não receberam tratamento eficaz. Os valores que Westover herdou de seus pais literalmente a deixaram doente, machucaram seu corpo e a impediram de estudar, algo que ela desejava fazer.

Lendo esse livro de memórias, houve muitos pontos em que foi complicado para mim entender por que ela achou tão difícil fugir para o lugar mais longe possível de sua família louca e perigosa. Mas seu livro também ilustra como uma mudança radical pode ser incrivelmente desafiadora, mesmo que pareça a escolha óbvia ao olhar de fora. No final, Westover teve que cortar relações com muitos membros da família. Ainda assim, havia amor genuíno envolvido, e isso muitas vezes a fazia duvidar de seus planos rebeldes. Ela cresceu valorizando a família e o relacionamento com pais e irmãos. Isso significa que ela cresceu se preocupando com eles e pensando que eles importavam para a qualidade de sua própria vida. Os valores, mesmo aqueles que precisam ser mudados, são mantidos por um padrão integrado de emoções, desejos e julgamentos. Uma mudança radical abala as estruturas, e é muito difícil escolher fazer algo que desestabilize o chão onde você pisa.

A experiência de Westover é extrema, mas, em linhas gerais, é compartilhada por qualquer pessoa que rompe com família, religião ou cultura em prol de outros valores. As pessoas LGBTQIA+ cujas famílias as rejeitam geralmente estão nessa posição. Elas criam uma nova vida e renegam muitas das amizades, comunidades, ideais de caráter e outros valores com os quais cresceram. Revolucionários e ativistas que se rebelam contra sua cultura devem fazer uma mudança radical nos valores que compartilham com a cultura em que foram criados. Às vezes, o divórcio é o resultado de uma mudança radical de valores, especialmente para as mulheres que o buscam porque percebem que seu casamento é moldado por normas sexistas. Uma mulher que percebe que faz todo o trabalho doméstico, que suas necessidades sempre vêm em segundo lugar e que seu marido não está realmente muito interessado no que ela deseja pode decidir que o único caminho que se preze é terminar o casamento. Essa não é uma simples mudança de valores, especialmente se houver filhos envolvidos. Não basta trocar o marido por um faz-tudo remunerado e alguns namorados, e *voilà*! Pelo menos para algumas mulheres, o divórcio pode ser uma mudança radical porque afeta muitas coisas, desde a autoimagem até a segurança financeira e os planos de férias.

Como esses exemplos sugerem, a mudança "radical" de valor é uma questão gradativa. Mas o que eles têm em comum é que algo central na teia de valores da pessoa não é bom e precisa ser mudado. Até este ponto, contamos com valores fundamentais, como os critérios de avaliação no processo de refinamento dos nossos sistemas de metas. Agora a questão é o que fazer se não podemos confiar nesses critérios de avaliação. E se alguns de nossos valores fundamentais (família, casamento, fé, comunidade) forem exatamente aqueles que nos tornam infelizes? O que fazemos nesse caso?

Alguém que está sendo prejudicado pelos seus valores básicos é como alguém que está sendo arrebatado por uma onda poderosa. Ele precisa de algo ao qual se agarrar, para dizer-lhe onde está a superfície. Se você nunca foi arrebatado por uma onda, posso dizer que é uma experiência incrivelmente desorientadora! Acho que algo semelhante deve acontecer com as pessoas que têm motivos para duvidar de seus valores básicos. Então, a questão do que fazer é realmente uma questão de onde se agarrar. Em que podemos confiar?

Podemos esperar que alguém nos jogue uma corda. Mas há dois problemas com as cordas: alguém tem que segurar a outra ponta, e você tem que decidir segurar. Se você está se afogando e desesperado, vai se agarrar a qualquer coisa, mas isso não resolve a questão do que é bom para você. Acho que a questão do que agarrar deve ser resolvida por algo ao qual já estamos agarrados. Agora que prolonguei essa metáfora o máximo possível, deixe-me esclarecer o ponto diretamente: quando nossos valores básicos são prejudiciais para nós, podemos mudá-los apelando para características ainda mais básicas da nossa natureza de busca de objetivos. Podemos entender mudanças radicais nos valores como respostas a objetivos muito básicos que não podemos abandonar psicologicamente.

A psicologia da nossa natureza de busca de objetivos, conforme discutido no capítulo 2, será útil para explicar isso. Existem algumas motivações psicológicas básicas que quase todos nós temos desde bebês. São as nossas necessidades de conforto e segurança, novidades e empolgação, autonomia (controle sobre nossa própria vida), competência (as habilidades para fazer o que quisermos fazer) e afinidade com outras pessoas. São coisas às quais podemos nos agarrar quando estamos no mar.

Nossos sentimentos são outro bloco de construção básico. Lembre-se de que valorizar algo inclui a tendência de ter bons sentimentos a respeito disso. Parte do ato de valorizar a família é sentir-se feliz em passar tempo com eles. Parte do ato de valorizar o seu trabalho é sentir orgulho dele quando você faz um bom trabalho. Valorizar a corrida é aproveitá-la. Valorizar a paternidade ou a maternidade é sentir orgulho quando seu filho diz que você é o melhor pai ou a melhor mãe. Valorizar a música é se emocionar quando você tem a oportunidade de ver sua banda favorita tocar ao vivo. Os sentimentos são uma parte essencial de nossa capacidade de valorizar qualquer coisa. Isso significa que, se almejamos fazer uma mudança radical, teremos que encontrar algo ao qual responderemos emocionalmente.

Então, se estamos questionando alguns objetivos e valores bastante centrais, ainda temos algo em que nos ancorar: nossas motivações básicas e nossos sentimentos. De certa forma, essas motivações básicas e esses sentimentos formam uma base sólida, algo em que podemos confiar incondicionalmente para construir um sistema de valores melhor. Como você pode imaginar neste ponto do livro, não acredito muito em fundações sólidas quando se trata de valores. No entanto, acho que essas motivações básicas e nossos sentimentos fornecem uma espécie de barco no qual podemos confiar se estivermos considerando uma mudança radical. A ideia é que essas coisas são a plataforma mais estável que temos, e confiar nelas é melhor do que se afogar.

Parece-me que isso dá sentido às experiências relatadas por Tara Westover. Em que ela se apegou enquanto estava em uma fase tão turbulenta da vida? Como ela fez isso? Ela confiava em suas próprias motivações e sentimentos – a dor física causada por seu pai e irmão, o amor de seus outros irmãos que sofriam por causa de seu pai e sua enorme curiosidade sobre o mundo. Sua curiosidade intelectual a levou a descobrir como ser admitida na Universidade Brigham Young sem um diploma do ensino médio e, finalmente, obter um doutorado em História pela Universidade de Cambridge, na Inglaterra. *Educated* é o título do seu livro e é também um dos objetivos (inicialmente ocultos para ela) que lhe permitiram mudar muitos dos seus valores.

Pessoas criadas em comunidades hostis que não as apoiam também podem contar com necessidades e sentimentos básicos como âncoras. Muitas pessoas LGBTQIA+ mantêm o valor de "família" reinterpretando isso como "família escolhida". Metas afiliativas básicas ancoram uma mudança para um novo conjunto de pessoas que permitem que o outro atinja suas metas e se sinta apoiado ao fazê-lo. As mulheres que se divorciam porque passam a ver o próprio casamento como opressivo se apegam aos valores de autorrespeito, autonomia e competência própria. Essas mudanças têm custos significativos: desistir de algo que tem sido um valor básico é uma perda real, mesmo que a promessa seja de que você terá maior satisfação no futuro com seu conjunto de valores significativamente revisado. Há encargos de ambos os lados, mas alterar um valor básico ainda pode ser a melhor alternativa.

Em resumo, para viver bem a nossa vida, precisamos ser capazes de perseguir e alcançar as coisas que realmente importam para nós. Em outras palavras, precisamos ser capazes de cumprir nossos objetivos e, especialmente, nossos objetivos mais importantes – nossos valores. Quando conseguimos identificar nossos valores e quais são os conflitos, temos uma estratégia para resolver nosso problema. Examinamos nossas pequenas metas, crenças e desejos quanto à sua relação com nossos valores centrais, identificamos e eliminamos metas e valores que não são consistentes com nossos valores centrais e fazemos uso da enorme flexibilidade de nosso cérebro para reinterpretar nossos valores de modo que eles harmonizem com nossas crenças, sentimentos e circunstâncias. Quando não conseguimos alcançar a harmonia com o que temos, podemos considerar estratégias para fazer as pazes ou promover uma mudança radical. Mas, mesmo quando a mudança radical é a melhor opção, temos que trabalhar com quem somos.

7
O VALOR DOS OUTROS

Se você me acompanhou até agora – e acho que me acompanhou –, provavelmente deve ter notado que eu não lhe disse o que deveria valorizar. Não quis presumir que existam "por aí" fatos sobre valores que estamos tentando descobrir, assim como podemos descobrir a dieta natural das tartarugas. Não quis presumir porque não acredito nisso. Acho que somos nós, avaliadores, que determinamos o que importa. Isso pode fazer você pensar que "vale tudo!". Especificamente pode fazer você pensar que os seres humanos se saem bem pensando em si mesmos e perseguindo seus objetivos sem pensar nas outras pessoas. Talvez a ideia de que o que importa depende da pessoa a quem importa sugira uma espécie de individualismo rude.

Mas o "vale tudo!" não é absolutamente a conclusão certa a tirar. Já vimos que, por sermos seres humanos que se desenvolveram da mesma forma que todos os outros seres humanos, a grande maioria de nós terá valores que incluem conforto e segurança, novidade e emoção, autonomia, competência e afiliação com outras pessoas. Podemos encontrar novas formas de perseguir esses valores, mas não podemos simplesmente descartá-los como uma pele morta. Eles são parte de quem somos.

A afiliação tem estado em segundo plano na maioria dos meus exemplos, mas ainda não nos concentramos nela especificamente. Para quase todo mundo, a necessidade de relacionamentos é crucial.

A necessidade de afiliação com outras pessoas também tem um significado especial. Isso ocorre porque nossa dependência em relação aos outros não só tem implicações em como vivemos nossa própria vida, mas também em como os tratamos. Neste capítulo, falaremos sobre as diferentes formas pelas quais as outras pessoas estão ligadas aos nossos valores e o que isso significa para o modo como devemos tratá-las.

OUTRAS PESSOAS EM NOSSO JARDIM

Todos sabemos que os seres humanos são criaturas sociais. Nascemos fracos e insignificantes e permanecemos relativamente fracos (em comparação com as ameaças contra nós) ao longo da vida. Não teríamos sobrevivido como espécie se não trabalhássemos em grupos, por isso desenvolvemos muitas tendências "grupais". O biólogo evolutivo Joseph Henrich argumenta que a razão pela qual a espécie humana foi tão bem-sucedida em termos de evolução é nossa inteligência social.[1] Sem nossa capacidade de cooperar e aprender uns com os outros, escreve ele, não teríamos nos espalhado para todos os nichos ecológicos do planeta. Para as pessoas individualmente, o fato de sermos uma "espécie social" significa que nos preocupamos muito com as outras e com o que elas pensam de nós. Em geral, queremos pertencer. Queremos sair com nossos semelhantes. Queremos que outras pessoas gostem de nós.

Existem algumas pesquisas científicas sociais sobre nossa necessidade de afiliação. Toda teoria psicológica ou filosófica do bem-estar que fornece uma lista de bens inclui afiliação, amizades ou relacionamentos como um dos bens humanos básicos.[2] Fazemos coisas juntos, nos preocupamos e aprendemos uns com os outros. Outras pessoas estão em nosso jardim.

Agora, é claro, às vezes elas estão em nosso jardim pisoteando nossas plantas. Outras podem ser obstáculos para a realização dos nossos valores. Isso não é difícil de observar, e já vimos vários exemplos nos últimos dois capítulos. Normas sexistas, reforçadas por outras pessoas, restringem o que mulheres e meninas são capazes de alcançar. O racismo dos outros restringe o que os negros podem alcançar e ameaça a vida deles. Alguns pais de mente fechada e inflexível impedem que seus filhos sejam quem realmente são. E há muitos exemplos mundanos: a falta de interesse do meu marido por sobremesa acabou com o meu objetivo de fazer bolos chiques para alguém que não seja eu; a agenda da minha professora de zumba me impede de curtir a coreografia dela quando eu quiser; o fato de minha irmã mudar para Los Angeles não me deixa vê-la com a frequência que eu gostaria. Mas parte do motivo pelo qual outras pessoas podem nos paralisar é precisamente o fato de elas estarem tão enredadas naquilo que nos interessa. Não quero comer bolo sozinha, nem dançar sozinha, nem ver minha irmã uma vez por ano. Por mais que outras pessoas sejam impedimento para atingir nossos objetivos, não poderíamos viver sem elas.

Para a maioria de nós, então, outras pessoas estão em nossos sistemas de valores de pelo menos duas maneiras diferentes. Primeiro, nós as valorizamos por elas mesmas. Em segundo lugar, valorizamos as atividades que dependem da participação e da aprovação de outrem. Sobre o primeiro ponto, se você é pai ou mãe, será óbvio que você valoriza as outras pessoas pelo bem delas mesmas. Lembro-me de meu pai me dizendo que, se ele pudesse ser diabético em vez de mim, ele o teria feito sem pensar duas vezes. Tenho certeza de que ele estava dizendo a verdade sobre isso e não apenas porque sabia que era impossível de qualquer maneira. As pessoas fazem tremendos sacrifícios por seus filhos porque se preocupam com o bem-estar deles. Claro, é verdade que evoluímos para sentir isso por nossos filhos – pais que não estavam dispostos a sacrificar nada por seus filhos não conseguiram transmitir seus genes. Mas isso não é relevante para os valores que temos agora. Meu pai se preocupa comigo e quer que eu me sinta bem porque me ama – essa é a *razão* dele –, e não porque ele é o produto da evolução. A evolução pode ser o que fez com que as pessoas tivessem essas tendências de se preocupar tanto com os filhos, mas não faz parte da nossa própria narrativa de por que valorizamos àqueles a quem valorizamos.

Não tenho filhos, mas me preocupo com as outras pessoas pelo próprio bem delas. Preocupo-me com a vida dos meus pais, do meu marido, das minhas irmãs, dos meus sobrinhos e sobrinhas, dos meus amigos e até de alguns dos meus colegas acadêmicos! Não me preocupo apenas com eles porque me fazem feliz (nem sempre). Eu, é claro, ganho algo com esses relacionamentos – minhas irmãs me fazem rir, minha amiga Lisa nunca esquece meu aniversário e assim por diante –, mas isso não capta totalmente a maneira como eu os valorizo. Eu quero que eles se saiam bem e me sinto feliz quando florescem só *porque* estão florescendo. Percebo que alguns dos meus alunos do primeiro ano de Ética se preocupam com o fato de que, se eu quero que essas pessoas sejam felizes, então a felicidade delas é apenas algo que desejo por razões egoístas (porque eu quero isso!). Mas este é um erro filosófico básico: o fato de eu desejar algo não significa que o que desejo seja em meu próprio benefício. Às vezes, o objeto do meu desejo – a meta representada como boa – é a felicidade ou o sucesso de outra pessoa. Posso ficar feliz quando conseguir, mas isso não muda o fato de que o que eu quero em primeiro lugar é que a outra pessoa seja feliz ou bem-sucedida.[3] Portanto, valorizamos aos outros diretamente. Não estou dizendo que todos necessariamente valorizam aos outros dessa maneira, mas a maioria de nós sim.

A segunda maneira pela qual outras pessoas entram em nossos sistemas de valores tem a ver com o modo como muitos de nossos outros valores dependem delas. Isso ocorre porque muitas das coisas que valorizamos têm uma dimensão social. Isso é bastante óbvio quando se trata de atividades em grupo. Se você valoriza qualquer tipo de esporte coletivo, precisa encontrar outras pessoas com quem jogar. Se valoriza estar em um coral, banda ou orquestra, você depende de outros músicos. Se valoriza sua participação em uma comunidade religiosa, conta com outras pessoas para orar com você. E assim por diante para tantas atividades humanas.

Podemos ver nossa dependência mútua até mesmo nas valiosas atividades que realizamos inteiramente sozinhos. Eu valorizo a escrita, que é uma atividade muito solitária. Na verdade, não consigo trabalhar ouvindo a voz de meu marido (um problema durante a quarentena da Covid-19) porque ele é muito inquieto, e sua inquietação faz barulho. Mas a maioria das pessoas que escrevem antecipa uma audiência. Escrever é principalmente comunicar algo aos outros, e, portanto, suas opiniões em algum momento são importantes para o sucesso de alguém como escritor. Um dos meus colegas é um entusiasta de Lego. Ele constrói modelos e mosaicos incríveis com blocos de Lego. Esta é uma atividade solitária, mas ele constrói para os outros, participa de competições de Lego e escreve sobre Lego em blogs. A corrida pode ser um esporte muito solitário, mas os corredores que conheço participam de grupos de corrida e baixam aplicativos que os conectam a outros para que possam conversar sobre o esporte. Levantadores de peso ávidos vão a academias onde podem comparar resultados, dançarinos fazem aulas de dança, cozinheiros cozinham para outras pessoas e leem blogs de culinária. Mesmo aqueles que adoram ler romances (uma atividade solitária, se é que podemos chamar de atividade) participam de clubes de livros!

Também valorizamos formas de estar no mundo – aspectos de nosso próprio caráter – que dependem de outras pessoas. A maioria das pessoas não quer apenas *ter* amigos, mas também *ser* um bom amigo. Você não é um bom amigo se seus amigos pensam que você é um egomaníaco não confiável. Agora, certamente é possível ter um relacionamento com outra pessoa em que não faça diferença o que ela pensa de você como amigo. Mas isso seria mesmo uma amizade? Mesmo que fosse, não é o tipo de amizade que eu gostaria. Você pode ter amigos que se preocupam com você por seu dinheiro, sua beleza ou suas conexões, que não se importam com quão bom amigo você é. Mas se você quer amigos que se preocupem com você pelo seu próprio bem a longo prazo, você também precisa se preocupar com eles. É o mesmo com as famílias (sejam elas biológicas, sejam escolhidas) e os relacionamentos com os membros da família. Os pais querem ser pais bem-sucedidos, os filhos e as filhas querem ser filhos e filhas amorosos, os membros da equipe querem jogar em equipe e assim por diante. A forma como valorizamos muitos de nossos relacionamentos é multidimensional. Nós nos preocupamos com as próprias pessoas, nos preocupamos com o que fazemos juntos e com a forma como somos em relação a eles. Muitas das coisas com as quais nos preocupamos dependem das respostas de outras pessoas.

Portanto, muitos de nossos valores dependem de outras pessoas de várias maneiras. O que elas fazem, dizem e pensam sobre nós faz diferença quanto a podermos cumprir ou não muitos de nossos valores. Precisamos que as pessoas que amamos sejam saudáveis e estejam lá para nós. Precisamos que outras pessoas estejam em nossa vida, participando de atividades conosco. Precisamos da aprovação dos outros (alguns). Isso não é uma falha ou uma fraqueza a ser superada. É exatamente como nós somos.

Além disso, é uma parte de nós que tendemos a *gostar*. Ao contrário do nosso desejo por alimentos com alto teor de gordura e sal, nossa natureza afiliativa evoluída é algo que quase todos nós abraçamos se refletirmos sobre o assunto. Para ver isso, considere como seria rejeitar nossas tendências grupais e a dependência de outros. Imagine alguém que não tem valores que incluam outras pessoas. Alguém que se preocupa apenas com poder, dinheiro ou sucesso a qualquer custo para os outros. É difícil encontrar pessoas assim na vida real (embora existam alguns exemplos recentes bem conhecidos), mas personagens fictícios nesse sentido – pense em Ebenezer Scrooge, personagem principal da história "Um Conto de Natal", de Charles Dickens. – tendem a ser julgados com rigor antes de aprenderem uma lição. Não é um tipo de vida que alguém com os valores que todos nós temos poderia aspirar ou admirar.

Ou considere alguém que compartilha todos os seus valores e não se incomoda de forma alguma quando outras pessoas pensam que ele está no caminho errado. Todos os amigos dessa pessoa acreditam que ela pertence à igreja errada, toda a sua família acha que ela ser fã de beisebol é uma perda de tempo, sua esposa considera que seus objetivos de segurança financeira são completamente irreais, e todos que ela conhece pensam que ela apoia as causas políticas erradas. Além disso, ninguém pensa que essa pessoa possa ser uma boa amiga, filha, esposa ou irmã. Ademais, essa pessoa não se importa com o que pensam dela. Ela não acredita que as opiniões dos outros sejam importantes para seus valores. Podemos ao menos imaginar alguém assim? Uma pessoa que se importa com a "amizade", mas não com a opinião dos amigos? Uma pessoa que se preocupa com causas políticas, mas não está interessada no que sua comunidade pensa sobre elas? Uma pessoa que valoriza a fé, mas não se importa se não tem com quem compartilhá-la? É difícil imaginar, mas, mesmo que possamos, meu ponto aqui é que essa não parece uma maneira atraente de viver.

Resumindo, nós, humanos, somos criaturas sociais cujo bem-estar depende muito de outras pessoas. O que isso significa para nossas questões sobre o que valorizar e como resolver conflitos entre nossos objetivos? Isso significa que nem todas as opções são igualmente boas. Aqueles que respeitam nossa necessidade de afiliação têm mais chances de sucesso. E isso significa que pode ser útil considerar nossa necessidade de afiliação e as outras pessoas em nossa vida quando refletimos sobre nossos valores ou os interpretamos. Isso não quer dizer que devemos esquecer nossos próprios interesses, talentos, gostos e desgostos – essas coisas também são importantes –, mas outras pessoas são uma parte de nossos sistemas de valores que é maior do que poderíamos imaginar, e isso é importante para a nossa estratégia de resolução de conflitos.

É importante de algumas maneiras óbvias. Muitos conselhos de autoajuda sugerem que, se quisermos mudar alguma coisa em nossa vida – parar de fumar, fazer mais exercícios, aprender a tricotar –, devemos encontrar outras pessoas com quem compartilhar essas metas. Se você pode se exercitar com um amigo, ou enquanto seus filhos estão jogando futebol, ou como membro de um clube, é mais provável que goste e continue praticando. O menos óbvio é que, se quisermos rejeitar os valores de nossa comunidade (uma família opressora ou uma comunidade religiosa inflexível) porque eles estão frustrando nossos valores, faríamos bem em encontrar uma nova comunidade para nos apoiar.

Falamos sobre como as outras pessoas em nosso jardim influenciam o tipo de jardinagem que devemos fazer. Quero passar agora para o que devemos fazer pelos jardins das outras pessoas.

OS VALORES DAS OUTRAS PESSOAS

Tenho atuado com base na suposição de que estou falando com pessoas que se importam com outras. Se for esse o seu caso, minha abordagem de conflito de valores e objetivos nos dá alguma orientação sobre como devemos tratá-los? A abordagem de valor que apresentei nos diz algo sobre se devemos ou não ajudar outras pessoas a cuidar do próprio jardim ou como fazer isso? A primeira pergunta tem uma resposta rápida: se você acha que a realização de valores é importante para o bom andamento da vida de uma pessoa, você também deve querer ajudar as pessoas que são importantes para você a atingir seus valores. Isso é exatamente o que significa querer o melhor para elas. *Como* fazer isso é mais complicado.

Primeiro, vamos considerar o caso fácil, aquele em que você acha que os valores da sua amiga ou seu ente querido são bastante decentes. Sua amiga valoriza o mesmo tipo de coisa que você, embora de formas toleravelmente diferentes, e você acha que ela está trilhando um bom caminho em termos de valor. Uma maneira de ajudar é fazer coisas que melhorem significativamente a capacidade da sua amiga de cumprir as metas que ela tem, de maneira clara, identificadas e valorizadas. É fácil fazer isso quando você mesma faz parte dos valores. Se a sua amiga valoriza você e sua amizade, você pode ajudá-la a atingir esse valor apenas sendo amiga dela e fazendo o tipo de coisas que amigas fazem. Mas, mesmo que não faça parte disso, há coisas que você pode fazer. Você pode ajudar suas amigas cuidando dos filhos delas. Pode ajudar sua amiga a realizar o sonho de escalar o monte Everest, contribuindo para a campanha dela no GoFundMe. Você pode contar à sua amiga de tricô sobre uma nova loja de fios, perguntar à sua amiga corredora sobre seu treinamento de maratona, comer o último pão assado pela sua amiga padeira. Você pode ajudar as amigas a fazer todo tipo de coisa apenas sendo encorajadora e solidária.

A abordagem descrita neste livro apresenta uma segunda maneira de ajudar. Podemos ajudar nossas amigas a alcançar seus valores conversando com elas sobre seus conflitos e ajudando-as a descobrir o que está em jogo e quais são suas opções para resolvê-los. Em outras palavras, podemos ajudá-las ao envolvê-las na estratégia de resolução de conflitos. No capítulo 3, falamos sobre como podemos aprender com outras pessoas quais valores são mais adequados para nós, porque outras pessoas às vezes veem coisas sobre nós que deixamos passar. Claro, elas também podem aprender conosco. Podemos compartilhar nossas observações sobre o que parece energizar nossas amigas e o que parece derrubá-las.

Lembre-se de que uma parte crucial da estratégia de resolução de conflitos é reinterpretar nossos valores para que eles se encaixem melhor. Também podemos ajudar os amigos aqui. Podemos ajudá-los a ver opções de como reinterpretar seus valores que talvez não tenham considerado. Talvez o amigo que quer escalar o Everest não tenha pensado em outras montanhas, mais próximas e igualmente interessantes. Talvez seu amigo corredor tenha rompido o ligamento cruzado anterior e você possa apresentá-lo a esportes que não agridam tanto os joelhos. Talvez sua amiga, que esteja se esforçando muito para ser uma mãe perfeita, aguente ouvir você falar sobre seu estilo de maternidade, do tipo "mantenha-os alimentados e vestidos". Podemos ajudar os amigos a reformular suas escolhas, entendendo-as como mudanças, em vez de admissões de fracasso. Os amigos podem ajudar uns aos outros a verem o sucesso de maneira diferente, e a aprovação mútua ajuda a fazer com que essa reformulação pareça resiliente em vez de patética.

QUANDO AS OUTRAS PESSOAS NÃO FAZEM SENTIDO: UM APELO À HUMILDADE

Não é muito difícil descobrir como ajudar os entes queridos cujos valores são parecidos com os seus. O caso mais complicado é o que fazer quando as pessoas de quem gostamos têm valores que realmente não entendemos nem aprovamos.

Talvez por causa dos meus interesses filosóficos, gosto de ler sobre pessoas que não consigo entender. Há alguns anos, aprendi que ninguém jamais cruzou a Antártida sozinho sem ajuda de pessoas ou motores. Para mim, isso não é tão surpreendente ou interessante. Tenho certeza de que há muitas coisas que ninguém jamais fez e que eu não gostaria de fazer nem em um milhão de anos. Mas, para Colin O'Brady (atleta de aventura americano de 33 anos) e Louis Rudd (capitão do Exército britânico de 49 anos), o fato de ninguém jamais ter cruzado a Antártida sem apoio era *muito* interessante. Na verdade, isso motivou os dois a tentar fazê-lo! Ao mesmo tempo, mas individualmente. Quando tomei conhecimento de suas histórias, os dois homens estavam tentando fazer essa jornada de quase 1.500 quilômetros, puxando seus trenós de suprimentos em esquis cross-country por um terreno gelado e implacável. Felizmente, ambos conseguiram. O'Brady completou a viagem em 54 dias, Rudd em 56. São quase dois meses de exercícios vigorosos em um freezer sob constante ameaça de morte. Mesmo à luz da sobrevivência e do recorde, nada disso parece remotamente atraente para mim.

O'Brady e Rudd têm esposas. Rudd tem filhos. Eles provavelmente também têm amigos. Se eles fossem meus amigos, eu teria me empenhado em dissuadi-los de tentar o que me parece uma coisa louca de fazer. Se Rudd fosse meu amigo, eu até tentaria impedi-lo de fazer isso. Eu consideraria até mentir para ele se isso mudasse sua decisão: "Louis, você não pode ir para a Antártida este ano porque vai perder meu casamento/estreia na Broadway/ *bat mitzvah*!". Eu não gostaria que meu amigo arriscasse a vida dessa maneira. Mas o que ele quer?

Uma coisa parece clara nas histórias que você lê sobre pessoas como O'Brady e Rudd – ou Alex Honnold (estrela do documentário *Free Solo*), que escalou a rocha El Capitán sem cordas nem equipamentos de segurança. É muito importante para eles fazer essas coisas. Tanto que muitos deles continuam escalando, fazendo trekking e arriscando a vida mesmo depois de alguém conhecido morrer na tentativa. (Na verdade, o amigo de Louis Rudd, Henry Worsley, morreu tentando a travessia da Antártida em 2016, dois anos antes de Rudd partir com o mesmo objetivo.) Esses homens valorizam o risco, a aventura e o desafio da mesma forma que eu valorizo a segurança e o tempo que passo com meus amigos e familiares. Eu realmente não os entendo.

Provavelmente todos nós podemos pensar em pessoas que amamos cujos valores e objetivos questionamos: amigos que estão seguindo carreiras que parecem odiar, filhos na faculdade que estão se especializando em assuntos que não valorizamos, cônjuges que estão gastando demais em alguma atividade de lazer que consideramos uma perda de tempo, e assim por diante. Certamente há momentos em que nossos amigos estão no caminho errado e podemos ajudar a colocá-los em um caminho melhor. Às vezes isso é uma boa coisa a fazer, e voltaremos a esse ponto daqui a pouco. Mas, primeiro, quero fazer um apelo à humildade. Um apelo por ter uma mente aberta sobre o que as outras pessoas valorizam e por não pensar que sabemos tudo sobre o que é bom ou não para elas. Acho que, se eu fosse realmente amigo de Louis Rudd ou de Colin O'Brady, por mais difícil que fosse para mim, eu deveria ter alguma humildade sobre o que acho que deveria ser importante para eles.

Uma razão para não dizer às pessoas o que elas devem valorizar e como devem viver a vida é que isso é agressivo, rude e indesejável. Mesmo que estejamos *certos* do que seria melhor para os outros, essa não é uma boa estratégia. E, é claro, muitas vezes não estamos certos, o que é outro motivo para ter alguma humildade. Há milhares de coisas que precisamos saber e, na verdade, não sabemos tudo. Especialmente relevante é o fato de não sabermos o que é ser outra pessoa. Aparentemente, o cérebro de Alex Honnold não reage ao perigo da mesma forma que um cérebro típico. É preciso chegar ao extremo para fazê-lo sentir medo. Como sou uma pessoa que tem medo de subir em uma árvore, não tenho a menor ideia de como seria. Os pais cujos filhos os desafiam formando-se em história ou filosofia em vez de medicina provavelmente não sabem o que é ficar totalmente entediado com as aulas de biologia. Tenho certeza de que as mulheres que me disseram que cometi um erro ao não ter filhos não têm ideia de como é viver a vida na ausência dos poderosos instintos maternos. Uma vez que os melhores valores para uma pessoa são aqueles que se adaptam às suas próprias emoções, desejos e pensamentos, e nem sempre sabemos essas coisas sobre outras pessoas, podemos ser bastante ignorantes sobre quais valores são melhores para os outros.

Uma coisa boa sobre cultivar a humildade é que o simples ato de *tentar* coloca você no caminho para ter a virtude. Assim que você pensa consigo mesmo que deve tentar ser mais cauteloso sobre o quanto entende os objetivos de outras pessoas, já admitiu que não sabe tudo. Com humildade, tentar é uma grande parte da batalha.

É difícil avaliar com precisão a própria humildade ou a falta dela. Eu sei que fui chamada de mandona por minhas irmãs mais novas e tenho que admitir, com alguma vergonha, que apresento algumas tendências a julgamento. Mas pensar profissionalmente sobre o comportamento humano da busca por objetivos e a humildade me fez pensar que devo tentar conter minhas possíveis tendências julgadoras do tipo "sabe-tudo". Eu tentei adotar algumas intenções estratégicas em conversas com outras pessoas. Faça perguntas. Não dê conselhos se não pedirem, mas, se não conseguir resistir, pare e pense primeiro. Pense em como eu gostaria que alguém respondesse a mim se fosse eu quem compartilhasse algum problema ou preocupação.

De acordo com um dos poucos estudos psicológicos sobre cultivar a humildade, outra boa estratégia pode ser refletir sobre suas próprias limitações e seu lugar no grande esquema das coisas.[4] Esse conselho é conhecido em certas tradições religiosas em que a humildade é valorizada. Para esclarecer, o tipo de humildade de que precisamos para sermos bons amigos não é abnegação ou mansidão. Mas pensar em como somos limitados no que sabemos sobre o mundo pode ser útil para nos encorajar a abordar outras pessoas com menos arrogância.

Haveria momentos em que não deveríamos ter a mente tão aberta para os valores de outras pessoas? Há momentos em que *deveríamos* dizer aos nossos entes queridos como viver a vida deles? Sim. Ou, pelo menos, há momentos em que devemos tentar fazê-los mudar a forma como estão vivendo a vida de alguma maneira que seja eficaz (que pode ser não *dizer* nada a eles). A decisão de quando faz sentido protestar contra os valores de outra pessoa ou mesmo intervir na vida dela é complicada e não tem uma resposta simples. Mas podemos identificar alguns indicadores.

Todos nós conhecemos casos em que os objetivos de uma pessoa são autodestrutivos ou (como eu diria em termos de alcance de objetivos) contrários ao seu sucesso geral na busca de seus valores. Pessoas viciadas em substâncias nocivas, parceiras de cônjuges abusivos ou pessoas que se envolvem irrefletidamente em atividades de alto risco para ganhos triviais buscam objetivos de curto prazo que impedirão a realização de seus valores de longo prazo. (Observe que aquilo que parece "trivial" é um julgamento. Alex Honnold não encara o benefício da escalada livre como trivial, por exemplo.) Em geral, quanto mais o objetivo de uma pessoa está realmente dificultando sua vida no longo prazo, e quanto mais certeza você tem disso, mais segurança terá para assumir algum tipo de posição contra esse objetivo. A intervenção literal e coercitiva (do tipo que os entes queridos fazem em relação a um amigo ou familiar alcoólatra) é o último recurso e não é a única opção. Podemos dizer à pessoa o que pensamos, podemos retirar o apoio ou oferecer alternativas para substituir a meta ruim.

Outro tipo de caso é aquele em que os objetivos que nosso amigo busca são tão contraditórios a nossos valores mais básicos que não podemos ficar sentados e vê-lo fazer aquilo. Um exemplo disso são os objetivos imorais. Considerando como a maioria de nós se sente a respeito de matar pessoas inocentes, não podemos ter a mente aberta e nos submeter ao interesse de um amigo em se tornar um assassino. Os valores morais são o tema do capítulo final deste livro. Por enquanto, basta dizer que, para a maioria de nós, os valores morais básicos são o tipo de coisa que precisamos ter em comum com nossos amigos. Quando descobrimos que um amigo quer mentir para conseguir uma promoção no trabalho, ou torturar animais no fim de semana, ou dar dinheiro para um grupo de supremacistas brancos, não podemos ficar calados em relação a nossas diferenças. Mesmo do ponto de vista dos seus próprios valores, o custo de tolerar objetivos malignos é alto demais. A interferência – ou pelo menos o protesto – é justificada aqui, assim como no caso de valores autodestrutivos, embora o resultado mais provável seja a dissolução da amizade.

Se nos preocupamos com outras pessoas e queremos o que é melhor para elas, devemos ter alguma humildade quanto à nossa capacidade de saber o que elas pensam disso. Essa humildade não vai tão longe a ponto de ficarmos sentados vendo um amigo destruir a própria vida ou agir de forma contrária aos nossos valores mais preciosos. Quando se trata de cultivar virtudes como a humildade, Aristóteles tinha bons conselhos. Ele pensava que existem estados virtuosos entre dois extremos e que devemos apontar para o lado que corrigirá nossa tendência natural. Por exemplo, a humildade virtuosa está entre a arrogância e a mansidão ou abnegação. Se você é uma pessoa que se inclina para a arrogância, provavelmente terá que se esforçar mais para não pensar que sabe tudo. Se estiver inclinado a ser bonzinho, talvez precise se esforçar mais para ver que há limites para o que deve tolerar nas outras pessoas.

VULNERABILIDADE

Vimos neste capítulo como muitos de nossos valores dependem de outras pessoas. O fato de elas serem criaturas mortais com ideias próprias nos torna vulneráveis. As pessoas que amamos às vezes adoecem e morrem, ou nos abandonam. Quando se trata de valorizar as pessoas, não é possível (ou desejável) reinterpretar o valor como algo/alguém diferente. Imagine se meu marido morresse e eu pensasse: "Bem, o que eu realmente valorizo é um relacionamento íntimo, então vou encontrar um novo marido e tudo ficará bem". Posso valorizar o tipo de relacionamento que temos, mas certamente também valorizo meu *marido* – e isso não é algo que possa ser visto de forma diferente.

Os antigos filósofos estoicos pensavam que poderíamos treinar a nós mesmos para sair desse tipo de vulnerabilidade:

> Com relação a quaisquer objetos que lhe deem prazer, sejam úteis, sejam profundamente amados, lembre-se de dizer a si mesmo qual a natureza geral deles, começando pelas coisas mais insignificantes. Se, por exemplo, você gosta de uma xícara de cerâmica específica, lembre-se de que só gosta de xícaras de cerâmica em geral. Assim, se ela se quebrar, você não ficará incomodado. Se você beijar seu filho ou sua esposa, diga que só beija coisas que são humanas e, portanto, não ficará perturbado se algum deles morrer.[5]

Essa é uma opção, eu acho. E uma opção muito boa quando se trata de xícaras de cerâmica e outras coisas instrumentalmente valiosas. Mas, quando se trata de nossos apegos a outras pessoas, não tenho certeza se é possível para a maioria de nós treinar dessa forma. Também não parece uma coisa boa, mesmo que pudéssemos fazê-lo. Pense nisso em termos de atingimento de metas: quando você ama alguém, muitos dos seus objetivos dependem da existência dessa pessoa. Se ela morrer, você sentirá muita frustração com o objetivo, o que é doloroso. Essa é uma forma nada romântica de pensar sobre o luto, mas ilustra por que não podemos de fato ter amor sem a possibilidade do luto. No meu caso, prefiro viver uma vida em que arrisco uma dor devastadora, mas também sinto um amor avassalador.

Sendo assim, o que podemos fazer com a nossa vulnerabilidade? Grosso modo, a resposta é "pouca coisa". Ela faz parte da condição humana. O outro lado de ser o tipo de criatura que pode ter amizades duradouras, famílias amorosas, compaixão mútua e ampla cooperação é que somos vulneráveis a sentimentos de pesar e profunda tristeza quando os laços entre nós são rompidos. Mas a perspectiva de valor tem uma estratégia recomendada para lidar com essa realidade: cultivar alguns valores que não sejam tão vulneráveis para termos algo que dê forma e propósito à vida quando os relacionamentos estiverem ameaçados.

O que torna um valor menos vulnerável? Talvez você pense, considerando o que acabei de dizer sobre a mortalidade e a morte humana, que os valores sem conexão humana são considerados invulneráveis. Mas acabamos de falar sobre como quase todos os nossos valores envolvem outras pessoas de uma forma ou de outra. Você pode encontrar alguns valores que não dependem de outras pessoas – desenvolver uma atitude estoica em relação à vida pode ser um deles –, mas não acho que isso nos levará muito longe. Ao contrário, acho que podemos tentar lidar com nossa vulnerabilidade adotando alguns valores que dependem de pessoas, mas não de pessoas *específicas*. Em muitas áreas da vida, podemos pensar em nós mesmos como parte de uma equipe, comunidade ou instituição que está realizando um projeto valioso. Podemos contribuir com outras pessoas para a arte, a medicina, a educação, o conhecimento, a tradição religiosa, a justiça, o progresso humano ou algo semelhante. Todas essas coisas que podemos identificar como valores que envolvem outras pessoas, mas que transcendem a vida de qualquer um em particular. Também podemos pensar que "ser bom para os outros" é um valor que faz nossa vida valer a pena, de uma forma aberta para que os "outros" sejam pessoas diferentes em momentos diferentes. Esses valores não podem substituir as outras pessoas que amamos. Valorizar a arte, a ciência ou o progresso humano não nos protegerá do luto.

Mas esses valores podem nos dar algo a que nos agarrar quando nossos outros amores estiverem ameaçados.

Joe Biden, presidente dos Estados Unidos enquanto eu escrevia esta obra, é um bom exemplo de alguém que fez isso. Como a maioria das pessoas sabe, o presidente Biden sofreu perdas trágicas em sua vida, incluindo a morte de sua primeira esposa e da jovem filha em um acidente de carro e do seu filho Beau devido a um câncer no cérebro. Um dos temas de suas memórias é como o fato de ter um senso de propósito maior o ajudou a lidar com a dor e a perda. Refletindo sobre a época do diagnóstico de seu filho, Biden escreve:

> Não importava o que acontecesse comigo, eu me apegava ao meu próprio senso de propósito. Eu me contive pelo amor à vida. Se eu perdesse o controle disso e deixasse a batalha de Beau me consumir, temia que todo o meu mundo desabasse. Eu não queria decepcionar o país, o governo Obama, minha família, eu mesmo ou, mais importante de tudo, meu filho Beau.[6]

Como essa citação sugere, valorizar algo (como o país ou uma missão política) que transcende pessoas específicas não elimina a dor de perder alguém que amamos, mas pode nos dar algo pelo qual podemos viver até o retorno de nossas motivações naturais para a busca de novos valores.

A ideia de valorizar o "ser bom para os outros" ou de contribuir para o progresso humano nos remete ao tema dos valores morais. Valores morais como justiça, respeito e bondade também são vulneráveis, de certa forma, porque muitas coisas moralmente ruins que acontecem neste mundo estão completamente fora do nosso controle. Mas, em um outro sentido, eles não são vulneráveis. O bom dos valores morais é que quase sempre podemos contribuir com eles de formas sutis. Podemos tratar nossos colegas de trabalho com respeito, podemos contribuir para instituições de caridade que ajudam pessoas necessitadas, podemos ser gentis com comissários de bordo e atendentes, e assim por diante. Em tantas áreas da vida, podemos optar por ser uma gota no oceano e tornar o mundo um pouquinho melhor.

8

EXERCENDO NOSSOS VALORES... MORALMENTE

Valores morais e obrigações morais são tipicamente caracterizados pela imparcialidade. A comunidade moral é muito maior do que nosso círculo de entes queridos. Até agora, nossa discussão foi sobre o que é bom para você, para mim e para nossos amigos e familiares, mas não para todos nós, seres humanos (ou talvez até para todos nós, seres sencientes). Os filósofos sempre pensaram que esses dois pontos de vista – autointeresse parcial e moralidade imparcial – são duas forças opostas, e tenho me concentrado no primeiro. Haveria algo a dizer sobre valores morais sem violar minha promessa de não lhe apontar o que você deve valorizar? Acho que sim, mas, antes de passar para o que pode ser dito, quero preparar o cenário fornecendo um pano de fundo sobre a filosofia moral e essa ideia de duas forças opostas.

E SE NINGUÉM VIR VOCÊ FAZENDO ISSO?

Imagine que você vê um lindo anel na vitrine de uma loja de antiguidades. Você é atraído por ele e ele se encaixa perfeitamente, então você o compra. Ao chegar em casa, coloca o anel no dedo, se olha no espelho e, ao girá-lo, sua imagem desaparece. Obviamente, isso é muito chocante, então você tenta de novo e de novo só para confirmar que isso está realmente acontecendo. Você se pergunta se esse efeito estranho está confinado ao espelho, então sai com o anel virado, que o deixa invisível, e fica pulando na frente de alguns vizinhos. Eles não veem você (nem suas roupas, aparentemente). Você comprou um anel mágico que o torna invisível!

Sua mente gira com as possibilidades! Se você é como meus alunos de Introdução à Ética, a primeira coisa que vai fazer é pegar um avião para tirar férias gratuitas (embora muitas vezes eles se perguntem onde sentariam). O segundo lugar em popularidade na lista é ouvir o que outras pessoas estão dizendo sobre elas, mas muitas reconhecem que pode ser uma péssima ideia. Há também sempre aquele aluno que quer assassinar uma pessoa má. Em geral, meus alunos acham divertido pensar nessas coisas, na linha do "quem venceria uma luta: Batman ou Homem-Aranha?".

No entanto, esse experimento mental teve um papel profundo na história da filosofia moral. No diálogo de Platão, *A República*, o interlocutor de Sócrates, Glauco, apresenta o anel de Giges (o anel da invisibilidade) como um experimento mental para fazer Sócrates perceber que o conflito entre o interesse próprio e a moralidade só pode ser resolvido pela força. Somos criaturas egoístas, postula Glauco e, se não estivéssemos preocupados em ser pegos e punidos, faríamos todo tipo de coisas horríveis. Se fôssemos invisíveis, o conflito entre o que nos faz bem e o que é ético sempre se resolveria a nosso favor. Se fôssemos invisíveis, estupraríamos, mataríamos e roubaríamos, porque não haveria razão para não o fazer.

Você pode ver a história da filosofia moral como um diálogo extenso sobre como resolver esse conflito entre interesse próprio e moralidade. Uma grande divisão nesse diálogo é entre aqueles que pensam que a força da moralidade vem de fora, que cada um de nós tem seus próprios interesses e que esses interesses devem ser compelidos a se curvar às regras morais por alguma força externa como o Estado ou Deus. Essa era a visão de Glauco, e é por isso que ele pensou que, se pudéssemos escapar dessas forças externas nos tornando invisíveis, esqueceríamos completamente a moralidade. O filósofo do século XVII, Thomas Hobbes, também estava desse lado do debate. Ele achava que o conflito entre interesse próprio e moralidade só poderia ser resolvido pela força de um ditador, porque nós, humanos, somos egoístas demais para agir bem sem sermos compelidos. Essas ideias são comuns à economia dominante contemporânea, segundo a qual o "homem econômico racional" é basicamente egoísta e, para fazê-lo se comportar bem, temos que punir ou pagar.

Do outro lado, temos filósofos que acham que a força da moralidade precisa vir de dentro. Immanuel Kant, filósofo iluminista do século XVIII, pensou que o conflito poderia ser resolvido apelando para nossa própria racionalidade. Princípios morais são princípios racionais, de acordo com Kant, e qualquer pessoa racional deve reconhecer a força deles. Outros pensaram que a força interna da moralidade vem de nossos sentimentos. John Stuart Mill, o reformador social e pai do Utilitarismo, acreditava que podemos resolver o conflito entre interesse próprio e moralidade cultivando nossa simpatia e treinando nossos desejos, de forma que nos preocupemos quase tanto com a felicidade de outras pessoas quanto com a nossa.

O filósofo escocês David Hume também pensava que nossos sentimentos eram cruciais para os valores morais, especialmente a empatia, que ele considerava uma força poderosa e abrangente na natureza humana:

> Uma tosse violenta em outra pessoa nos causa mal-estar, embora não nos afete nem um pouco. Um homem ficará mortificado se você disser que ele tem mau hálito, embora evidentemente isso não seja um aborrecimento para ele próprio. Nossa fantasia facilmente muda de situação. Seja examinando a nós mesmos como aparecemos aos outros, seja considerando os outros como eles se sentem, isso nos faz entrar em sentimentos que de maneira alguma nos pertencem e nos quais nada além da empatia pode nos interessar. E, às vezes, levamos essa empatia tão longe a ponto de ficarmos descontentes com uma qualidade confortável para nós, simplesmente porque desagrada os outros e nos torna desagradáveis aos olhos deles.[1]

Hume pensava que a empatia por nossos semelhantes era o princípio animador de todos os nossos julgamentos sobre o que tem valor. Não é apenas o fato de que amamos nossos amigos e familiares (quem de fato amamos), mas também que nossa natureza social é inseparável da própria maneira como percebemos valor no mundo. Quando fazemos julgamentos sobre o que é bom ou ruim, certo ou errado, virtuoso ou perverso, de acordo com Hume, adotamos um ponto de vista a partir do qual simpatizamos com os interesses de outras pessoas, seja o interesse delas em evitar nosso mau hálito, seja o nosso interesse em tratá-las com bondade.

Nesse debate muito antigo, estou mais alinhada com David Hume e John Stuart Mill. Acho que *todos* os nossos valores, inclusive nossos valores morais, são sustentados por sentimentos, não por forças externas ou pela força de princípios racionais. Um dos problemas em confiar em nossos sentimentos para impor valores morais é que eles não forçam a todos da mesma maneira. O ditador de Hobbes pune a *todos* por quebrarem as regras morais, não apenas às pessoas que se importam com as regras. Os princípios racionais de Kant se aplicam a todos os que são minimamente capazes de um raciocínio lógico. Se os valores morais são apoiados por nossos sentimentos, então não haverá nenhum argumento para obrigar absolutamente todos a levar os valores morais a sério.

Isso é um problema? Acho que seria bom ter um grande bastão para dar uma surra em pessoas imorais. E não sou a única pessoa que acha que isso seria bom. Muitos dos meus alunos querem um bastão. Eles vêm à minha aula de Introdução à Ética em busca de um argumento que destrua a pessoa imoral, colocando-a de joelhos em arrependimento pelos seus modos imorais. Muitos desses alunos, criados em alguma religião formal, assumem que tal argumento é o objetivo da filosofia. Muitos desses mesmos alunos, apresentados à realidade das diferenças culturais no primeiro semestre da universidade, são céticos de que tal argumento possa ser encontrado. Com a religião, eles aprendem que a moralidade deve ser sustentada por algo absoluto que todos devem aceitar e, com sua exposição a grupos de pessoas diferentes, eles aprendem que isso não existe. Eles juntam essas duas lições e concluem que a moralidade é uma farsa e que, portanto, moralmente falando, vale tudo.

O absolutismo absoluto e o relativismo inapto estão no cardápio da filosofia moral. Mas essas não são as únicas opções e, nem as mais populares. Há muito meio-termo quando os valores morais são sustentados por seres humanos e nossas práticas humanas, e, no entanto, eles são dignos de nosso compromisso. Não há nada aqui que obrigue a todos a adotar os mesmos valores morais, mas há razões pelas quais a maioria de nós o faz. Não há uma grande punição cósmica para a imoralidade, mas os valores morais geralmente são bons para nós, considerando a forma como somos. Esse meio-termo é o terreno no qual eu acho que de fato temos que pisar.

Se este é o lugar onde estamos, vejamos o lado bom disso. O lado positivo começa com a observação de que a maioria das pessoas tem valores morais, apesar da falta de um reforço ou de um argumento decisivo. Vejo isso em meus alunos. Não importa quanto eles se apeguem a pontos de vista céticos nas conversas, eles são (na maioria das vezes) pessoas boas e honestas que se voluntariam para a caridade, experimentam uma dieta vegana porque se preocupam com os animais e ligam para os pais mesmo quando não querem. Acontece que o ceticismo deles é apenas superficial. E isso é verdade não apenas para meus alunos. Para ver isso, podemos retornar a Glauco e seu anel.

Glauco pensou que o anel alteraria profundamente a vida do portador, eliminando o que ele via como o maior conflito da vida: aquele entre o interesse próprio e a moralidade. Mas isso parece verdade? Depois de parar de pular na frente dos seus vizinhos e voltar de um passeio em Paris ou Galápagos, o que fazer? Seu anel recém-descoberto o ajudará com os principais desafios e conflitos que enfrenta? Ele ajudará no equilíbrio entre trabalho e vida pessoal? Ele ajudará você a superar as pressões familiares para ser de determinada maneira ou os estereótipos sexistas que influenciam a forma como você concebe seus valores? Quando penso nos desafios que mais afetam o andamento da minha vida, me ocorrem coisas como estas: Como faço para controlar meu diabetes tipo 1 sem me tornar completamente neurótica e sem graça? Como mantenho relacionamentos com as pessoas que amo e moram longe? Como posso ser uma boa filósofa sem sacrificar algumas das qualidades que possuo que não cabem no modelo de um filósofo profissional?

Ser invisível não me ajudaria a lidar com nenhum desses desafios. Não me ajudaria a descobrir o que valorizar ou o quanto valorizá-los em comparação com outras coisas. Não me ajudaria a descobrir quando devo desistir de algo porque é muito caro comparado a outras coisas com as quais me importo, e não me ajudaria a entender o que significa viver de acordo com os valores que tenho. É divertido pensar em como viveríamos se pudéssemos nos livrar de qualquer coisa, mas o conflito entre interesses egoístas e os interesses de outras pessoas não é o conflito central em minha vida ou na vida das pessoas que conheço.

Agora, vamos adicionar valores morais ao contexto. Eu tenho alguns, e provavelmente você também tem. Não precisamos de uma teoria moral para nos dizer o que eles são. Podemos apenas seguir uma lista básica que inclui coisas como justiça, igualdade, respeito, gentileza, compaixão e honestidade. Estes estão na minha lista, e provavelmente seus valores morais são semelhantes. Agora, meus valores morais são profundamente diferentes dos outros valores da minha vida? Eles levantam dilemas diferentes para mim do que aqueles que listei alguns parágrafos atrás. O que posso fazer a respeito da injustiça racial e da privação de direitos? De que tipo de voluntariado sou capaz de participar que seja significativo? Estou fazendo o suficiente? Quais instituições de caridade devo apoiar financeiramente e quanto devo doar? Mas, de outras maneiras, do meu ponto de vista, meus valores morais não são fundamentalmente diferentes de meus outros valores. Observe também que muitos dos meus valores "não morais" são tingidos com ideais morais. Quero ser uma boa amiga, o que significa ser uma amiga compassiva. Quero ser uma boa professora, o que eu acho que significa ser justa e honesta. Não há nem mesmo uma linha nítida entre nossos objetivos morais e nossos objetivos por "interesse próprio".

O anel de invisibilidade deveria resolver o conflito entre interesse próprio e moralidade, mas, se penso em tê-lo, também não vejo como isso me ajuda no domínio moral. Afinal, esses valores não vão desaparecer se eu colocar o anel. Eu ainda vou me preocupar com justiça e igualdade. Ainda vou me preocupar em não machucar nem desrespeitar outras pessoas. Certamente ainda pode haver um conflito – como pode haver conflitos entre muitos de nossos outros valores –, mas não é um que possa ser resolvido pela capacidade de escapar impune de um assassinato.

Tudo isso pressupõe que estou falando com pessoas que têm seus próprios valores morais. Tenha certeza de que não sou tão ingênua a ponto de pensar que isso descreve todo mundo. Neste momento da história, quando pessoas se recusam a usar máscaras leves para proteger os outros de um vírus mortal, seria loucura dizer que todos se preocupam com justiça, respeito e bondade. Também sabemos que o anonimato digital em blogs e redes sociais (o anel de Giges do século XXI) faz com que algumas pessoas se comportem como monstros (provocadores, para ser exato). Infelizmente, existem pessoas que realmente não se importam nem um pouco com os outros. Suspeito que isso seja verdade para certos políticos, em grande detrimento de todos nós.

Idiotas egoístas e imorais são um problema. O problema mais relevante para nosso tópico é que sua existência aparentemente despreocupada pode colocar em dúvida nossos próprios valores. Se há pessoas por aí vivendo bem sem serem constrangidas pelos valores morais que o resto de nós tem, isso pode nos fazer pensar que somos apenas otários. E é somente uma extensão do problema com o qual Glauco estava preocupado: se outras pessoas podem se safar sendo imorais, então aqueles de nós que seguem as regras são otários! É por isso que, na maneira de pensar de Glauco, precisamos garantir que as pessoas imorais sejam punidas. Se as pessoas imorais não são punidas, podemos muito bem ser imorais, porque é melhor do que ser um otário. Porém, se pensarmos nisso, como o fato de uma pessoa não se importar com outras *me* daria um motivo para não me importar com as pessoas? Por que nos preocupamos com outras pessoas? Eu me preocupo com elas porque acho que são semelhantes a mim em aspectos importantes, porque simpatizo com elas e porque reconheço que a vida humana seria terrível se não fosse pela amizade e pela comunidade. O fato de haver pessoas que não se importam não muda nada disso. Para a maioria de nós, simplesmente não é verdade que a única razão pela qual nos preocupamos em tratar os outros com justiça, bondade e respeito é que temos medo de ser punidos se não o fizermos. O que significa que o fato de pessoas más poderem se safar não é motivo para mudar nossos valores.

Isso é o que eu digo aos alunos que entram na aula de Ética pensando que o objetivo é encontrar o grande bastão argumentativo. Em vez de dissuadi-los de seu relativismo moral "você é o que faz", pergunto como isso mudaria a maneira como eles estão vivendo a própria vida, mesmo que fosse verdade.[2] Se alguém pensa que mentir no currículo para um emprego é perfeitamente aceitável, o que isso significa para aquilo que *você* acha que seria moralmente aceito? O que você acha que há de errado em mentir em candidaturas de emprego? Mudaria alguma coisa se houvesse alguns ovos estragados que pensam que não há nada de errado nisso? Da mesma forma, se fosse aceitável matar pessoas inocentes em outra cultura, o que isso significaria para sua vida? Eu tento mostrar a eles que, mesmo que não haja argumento para uma moralidade absoluta, isso não os livra da difícil tarefa de pensar sobre o que é importante para você e tentar agir de forma consistente com seus valores.

Os demais problemas com idiotas egoístas e imorais são problemas políticos que realmente não são o foco deste livro. Idiotas egoístas tornam a vida difícil para todos nós. Eles devem ser identificados e controlados para que não causem estragos. Se não forem idiotas *totalmente* egoístas, podem ser persuadidos a fazer algo melhor (ou pelo menos a seguir as regras básicas). Mas as pessoas que não se importam nem um pouco com os outros precisam ser forçadas a seguir regras que tornem a vida tolerável para todos, ou precisam ser controladas. Não é (como Glauco faria) para dar sentido à moralidade para o resto de nós – a moralidade já faz sentido para o resto de nós! Idiotas totalmente egoístas, como psicopatas violentos, precisam ser controlados para que o resto de nós possa buscar nossos valores em paz.

O importante é que a maioria de nós não é formada por idiotas egoístas. Nós nos preocupamos com as outras pessoas, temos compromissos morais com elas e valorizamos isso por razões que não são prejudicadas pela existência daqueles que rejeitam esses valores. O restante deste capítulo é dirigido sem remorso àqueles de nós que não são idiotas egoístas. Vou presumir um conjunto de valores que compartilhamos: os valores focados no outro que incluem ajuda, justiça, respeito e honestidade. E vou perguntar o que acontece quando olhamos para esses valores através da lente da resolução de conflitos entre nossos objetivos e a busca de nossos próprios valores. A primeira coisa que notamos é que já existe muita harmonia.

VALORES MORAIS E HARMONIA

No capítulo 7, vimos como nossos valores estão interligados com outras pessoas de quem gostamos – amigos, colegas de equipe, membros da comunidade. Não deveria surpreender se descobríssemos que os valores morais também tendem a ser bem integrados em nossos sistemas de valores. Antes de entrarmos nos detalhes, algumas ressalvas. Em primeiro lugar, este é um livro sobre como viver bem a própria vida, identificando seus valores e resolvendo conflitos entre seus objetivos e entre seus objetivos e o mundo. Não é um livro sobre moralidade, e não estou partindo da perspectiva de nenhuma teoria moral específica. Vou falar sobre alguns valores morais que a maioria de nós compartilha da mesma forma que falei sobre os valores da carreira e da família. Todos nós podemos ter maneiras um pouco diferentes de interpretar valores como justiça, respeito e bondade, mas há um núcleo que torna sensato falar sobre valorizarmos as mesmas coisas.

Mesmo sem presumir uma teoria moral mestra, podemos usar a perspectiva de valores deste livro para nos ajudar a caracterizar nossos valores morais. Em outras palavras, a abordagem de realização de valor adotada neste livro pode iluminar nossos valores morais, mesmo que não nos diga realmente o que valorizar do ponto de vista moral. Por exemplo, se pensarmos na utilidade do ponto de vista da nossa natureza quanto à busca de objetivos, podemos ver que ajudamos as pessoas permitindo que atinjam seus valores e resolvam seus conflitos. A justiça, nessa forma de pensar, requer (entre outras coisas) que todos estejam livres do tipo de privação, medo e insegurança que impossibilita fazer o que é importante para eles. O respeito exige que levemos a sério a capacidade das outras pessoas de tomarem decisões sobre o que importa. Por sua vez, exige ser honesto com os outros para que possam tomar suas decisões com base em boas informações.

Se levarmos outras pessoas em consideração em nosso ponto de vista moral, devemos nos preocupar se elas são capazes de identificar, modificar e perseguir seus próprios valores. Devemos nos preocupar se elas têm as necessidades básicas da vida, sem as quais não é possível pensar em muita coisa, exceto em suprir essas necessidades. Devemos nos preocupar com os obstáculos legais, econômicos e sociais à capacidade que têm de fazer as coisas que são importantes para elas. A ideia de que é bom para as pessoas alcançarem seus valores mais importantes informa como pensamos sobre o que a utilidade, a justiça e o respeito exigem. Isso está longe de ser uma teoria moral, mas fornece uma maneira de preencher alguns detalhes sobre esses valores morais. Além disso, é uma forma de preencher detalhes que se encaixam perfeitamente com o modo como pensamos sobre nossa própria vida.

A segunda ressalva é que minha maneira de falar sobre valores morais pode soar muito individualista e específica para minha própria cultura. Começo com a ideia de que a moralidade se trata basicamente de permitir que as pessoas persigam seus próprios objetivos. Isso soa muito ocidental. Prevejo que a maioria dos meus leitores é de culturas ocidentais, então pode soar familiar. Mas também quero salientar que esse foco na busca de objetivos não é individualista num sentido repreensível, porque os objetivos das pessoas podem ser sociais. Em culturas que enfatizam a comunidade em detrimento da realização individual, as pessoas podem ter objetivos mais sintonizados com suas obrigações comunitárias e familiares ou com seu lugar no grupo. Seus valores podem ser influenciados pelos de outras pessoas em maior extensão do que seriam para aquelas que vivem em culturas mais individualistas. Ajudar essas pessoas pode exigir mais atenção ao grupo do que ao indivíduo. Mas isso não significa que os valores morais apontem uma direção completamente diferente para culturas menos individualistas.

Na verdade, como veremos, estou inclinada a pensar que mesmo aqueles de nós que vivem em culturas ocidentais têm muitos valores que são fundamentalmente sociais. Então, a aparência individualista do que estou falando sobre valores morais é superficial. Isso faz sentido porque, como vimos ao longo deste livro, os valores individuais das pessoas dependem de outras pessoas de várias maneiras. Ajudar alguém a perseguir seus valores, ou ajudar a garantir que todos tenham a capacidade de perseguir seus valores, exigirá naturalmente que pensemos em como as pessoas estão conectadas umas às outras. Simplificando, somos criaturas sociais, e, para ajudar um indivíduo social, você precisa ajudar os outros de quem ele depende.

Feitas essas ressalvas, vamos considerar a seguinte questão: como nossos valores morais se harmonizam com nossos outros valores?

A primeira coisa a notar é que nossa capacidade de perseguir nossos objetivos pessoais – carreiras, amizades, hobbies – depende de vivermos em comunidades regidas por certos padrões de comportamento. Precisamos que as pessoas sejam basicamente morais e decentes para ter sucesso, porque muito do que fazemos depende da coordenação com os outros. A decência moral básica geralmente envolve dizer a verdade, cumprir acordos, não agredir nem ferir uns aos outros, não roubar as coisas uns dos outros e ajudar uns aos outros quando precisamos. Do ponto de vista de uma venerável teoria moral, a teoria do contrato social, esse ponto sobre nossa dependência da decência de uns dos outros está no centro da moralidade. De acordo com a teoria do contrato social, as regras morais corretas são aquelas com as quais todos concordariam se estivessem pensando com clareza. A ideia por trás dessa teoria é de que não podemos sobreviver, muito menos prosperar, sem cooperação e, portanto (se formos razoáveis), todos concordaríamos com algumas regras morais básicas para nos governar. A vida sem essas regras básicas seria, como disse Hobbes, "solitária, pobre, desagradável, brutal e curta". Tal vida seria ruim para atingir seus valores, a menos que a única coisa que você valorizasse fosse se esconder em uma caverna com suas armas.

Para cumprir nossos próprios valores, precisamos confiar que os outros sejam moralmente decentes em sua essência. Esse fato tem muito a ver com a forma como acabamos *valorizando* a decência moral básica. Evoluímos para achar esses valores morais atraentes, e eles nos são ensinados muito cedo na infância. Crianças de um ano e meio parecem gostar de pessoas que são boas e evitam as que são más.[3] A vida humana não funcionaria se todos nós crescêssemos como psicopatas, portanto não fazemos isso. Ao contrário, os valores morais se desenvolvem naturalmente e se tornam centrais para nossa identidade. Pelo fato de precisarmos deles, valores morais não são ervas daninhas.

A segunda coisa a notar é que os valores morais estão frequentemente interligados com objetivos pessoais específicos. Podemos ver isso nos objetivos de carreira, pois muitas profissões têm códigos éticos. Por exemplo, os objetivos de carreira dos profissionais de saúde são limitados por imperativos morais como "não causar danos" no juramento de Hipócrates. Os professores visam ajudar os alunos, e não apenas àqueles de quem gostam. Os advogados fazem o juramento de atender seus clientes de acordo com o dever. Meu avô, um homem de negócios, orgulhava-se de suas negociações honestas com os outros e do fato de que até mesmo seus concorrentes podiam confiar em sua palavra.

Outra forma pela qual os valores pessoais e morais estão entrelaçados vem de pessoas que enfrentam obstáculos para alcançar seus próprios objetivos devido à injustiça social (conforme discutido no capítulo 5). Para alguém nessa situação, combater a injustiça pode ser ao mesmo tempo um projeto moral e um projeto de autoafirmação ou respeito próprio. Esses objetivos morais e pessoais às vezes interagem de formas sutis. Analisemos como o sexismo e outras formas de opressão podem ser autossustentáveis, fazendo com que suas vítimas se sintam menos capazes de fazer o que desejam. A síndrome do impostor, que nos faz duvidar de nossas habilidades e nos sentir como fraudes, pode frustrar nossos objetivos, desviando nossa energia para a preocupação e nos impedindo de correr riscos. A síndrome do impostor também pode frustrar nossos valores *morais*. Por exemplo, acho que a experiência de me sentir uma impostora em filosofia teve o efeito de me fazer acreditar que não tinha poder para ajudar as pessoas, inclusive meus próprios alunos. Tenho certeza de que não estou sozinha nesse sentimento. Se você se sente como um aluno, provavelmente não se verá como um professor. Se você se sente como um aprendiz, provavelmente não será um mentor. Se você se sente como um subordinado, provavelmente não assumirá o papel de chefe. Assim, passei alguns anos não sendo uma boa mentora para meus alunos, ou pelo menos não o tipo de mentor que vi meus colegas homens serem ou o tipo que eu gostaria de ser. Eu estava muito ocupada sentindo que precisava de ajuda para ajudar os outros.

Essa característica do sexismo torna ainda mais motivador pensar em direcionar sua energia para lutar contra as estruturas que atrasaram a sua vida. Trabalhar contra o sexismo me ajuda a alcançar meu valor moral de justiça e também a me ver como poderosa e capaz de ajudar os outros. Tem até efeitos potenciais que beneficiariam meu objetivo de abrir espaço para o tipo de filosofia que acho que vale a pena. Nesse caso, valores morais e objetivos pessoais estão muito misturados. Meu desejo de ajudar meus alunos é em parte uma meta profissional e em parte uma meta moral. Meu interesse em combater o sexismo é em parte moral, mas também em parte pessoal. Para as pessoas que são diretamente afetadas pela injustiça, trabalhar contra ela provavelmente não se encaixa com perfeição em um nicho (moral ou não moral).

Um último exemplo de como os valores morais e os valores pessoais particulares estão interligados relaciona-se aos benefícios psicológicos de ajudar os outros. Há boas evidências de que as pessoas que ajudam os outros na verdade se sentem mais felizes do que as que não ajudam.[4] Expressar gratidão e ajudar outras pessoas por opção tende a aumentar nossas emoções positivas e nossos sentimentos de satisfação com a vida. Mesmo quando a ajuda lhe custa algo, ela o deixa mais feliz. Por exemplo, em um estudo, os pesquisadores avaliaram a felicidade dos participantes do experimento antes de receberem uma "gorjeta" (US$ 5 ou US$ 20), a qual metade deles foi instruída a gastar consigo mesma ("grupo de gastos pessoais") e a outra metade foi instruída a gastar com os outros ("grupo de gastos pró-sociais") até às 17 horas daquele mesmo dia. No final do dia, a felicidade dos participantes foi avaliada novamente, e descobriu-se que aqueles que gastaram o dinheiro com outras pessoas eram mais felizes do que aqueles que gastaram consigo mesmos.[5] Não acho essa pesquisa muito surpreendente. Acredito que Hume estava certo sobre nossa natureza humana: somos criaturas empáticas que não podem deixar de se importar com a forma como são vistas pelos semelhantes. É claro que fazer coisas que levam outras pessoas a gostar de nós provoca boas sensações!

A dúvida agora é qual a melhor forma de fazer uso dessa pesquisa em nossa vida. A psicóloga Sonja Lyubomirsky recomenda as "intervenções para a felicidade", como realizar atos aleatórios de bondade e escrever cartas de agradecimento.[6] Não é um conselho ruim, mas cabe a nós descobrir como praticá-lo. Uma descoberta interessante dessa pesquisa (que tende a receber menos atenção do que a notícia básica de que o altruísmo nos faz felizes) é que os benefícios da felicidade de ajudar os outros revertem para as pessoas que escolhem livremente fazer isso, não para aqueles que são pressionados a fazê-lo.[7] Em outras palavras, ajudar os outros deve estar relacionado aos nossos próprios objetivos para que isso nos faça nos sentir bem. É melhor encontrarmos maneiras de ajudar os outros que sejam guiadas por nossos próprios valores e compatíveis com nossos outros objetivos.

A pesquisa psicológica sobre felicidade e utilidade é focada em sentimentos positivos e satisfação com a vida, porque é assim que os psicólogos dessa área tendem a medir o bem-estar. Mas há outro sentimento positivo que surge ao ajudar os outros: o sentimento de confiança de que estamos no caminho certo. Quando estamos ansiosos com os conflitos que vivenciamos e não temos certeza de como resolvê-los – especialmente se essas ansiedades se transformarem em uma crise sobre nossos valores –, os valores morais focados nos outros são úteis. É alma rara quem chega ao fim da vida e diz com pesar que passou tempo demais sendo gentil com as pessoas, ou que gostaria de não ter sido tão justa e prestativa com seus semelhantes. Voltando à nossa metáfora da jardinagem, se você procura uma planta resistente e atraente, os valores morais são uma excelente escolha. Valores morais e ações pró-sociais são como plantas que sempre estão com boa aparência, não importa a estação.

Ser útil contribui para o objetivo pessoal de sentir-se feliz e seguro. Lutar pela justiça pode nos dar a confiança necessária para sermos ambiciosos em outros objetivos. Ser honesto contribui para termos carreiras prazerosas. Agir de acordo com nossos valores morais pode atender a mais de um de nossos valores ao mesmo tempo. Observe quão longe chegamos desde a imagem da natureza humana que Glauco assume, em que nosso maior problema é como evitar sacrificar qualquer coisa por outra pessoa. Na verdade, muito do que fazemos pelos outros não é sacrifício e, geralmente, quando temos de fazer sacrifícios, é por causa de valores e princípios com os quais nos preocupamos profundamente. Nosso maior problema é como defender todos os valores concorrentes que temos, incluindo diversos deles que são inseparáveis da moralidade.

VALORES MORAIS E DISCÓRDIA

A maioria de nós tem valores morais que nos orientam a ajudar outras pessoas e a tratá-las com justiça e respeito. E a maioria de nós tem muitas motivações diferentes para agir de acordo com esses valores, inclusive algumas têm a ver com nossos projetos pessoais. Há muito mais harmonia na humanidade do que Glauco e Hobbes pensavam. No entanto, é difícil negar que também há conflito. O que fazemos quando os valores morais entram em conflito com nossos outros valores e objetivos?

Ajudará se formos específicos acerca do tipo de conflito sobre o qual estamos nos perguntando. Vamos nos concentrar primeiro naquele entre nossas obrigações morais positivas de ajudar a tornar o mundo um lugar melhor – um lugar em que mais pessoas possam buscar o que é importante para elas – e nossos outros objetivos. Acho que a maioria das pessoas que têm valores morais quer "dar uma contribuição" ou "tornar o mundo um lugar melhor do que quando o encontraram". Essas são aspirações morais comuns. Vou me referir a elas como obrigações morais "positivas", porque são obrigações de *fazer* algo (como doar aos outros), em oposição a obrigações de abster-se de fazer algo (como mentir ou roubar). No entanto, tornar o mundo um lugar melhor de alguma forma significativa é de fato algo exigente.

Vivemos em um mundo onde 12 milhões de crianças vivem em lares com insegurança alimentar nos Estados Unidos (o país mais rico do mundo), milhões de crianças em países pobres sofrem de doenças facilmente curáveis e as mudanças climáticas estão no caminho de tornar tudo muito pior.[8] Enquanto escrevo este livro em 2022, acabamos de viver um momento em que a injustiça do racismo e da pobreza foi vividamente ilustrada. Neste momento, a injustiça e a crueldade da guerra são terrivelmente presenciadas na Ucrânia. Alguns dos eventos foram tão desanimadores, tão horríveis que me encontro – junto com muitos outros que conheço – em uma situação em que meus valores morais exigem mais de mim do que posso suportar. Para realmente ir em frente, teríamos que trabalhar nesse objetivo a cada minuto que estamos acordados. Isso entraria em conflito com muitas das outras coisas que queremos fazer. De acordo com uma vertente da tradição filosófica utilitarista, sacrificar tudo pela moralidade é a coisa certa a fazer.[9] O Utilitarismo diz que a ação correta é aquela que produz a maior felicidade para o maior número de pessoas. Se pensarmos dessa forma, o valor moral de ajudar os outros a não sofrer entrará em conflito com todos os nossos outros objetivos. Eu poderia fazer mais para aliviar o sofrimento se abrisse mão de muitas outras coisas que são, do ponto de vista moral, menos importantes. Tenho certeza de que poderia fazer um bem maior ao mundo *não* aprendendo a tocar ukulele.

Como resolvemos esse conflito? Se pensarmos em nossa estratégia no capítulo 4 para lidar com conflitos, uma pergunta que podemos fazer a nós mesmos é se um dos objetivos ou valores deve ser abandonado. Dadas todas as formas pelas quais nossos valores morais são integrados em nossos sistemas de valores (o assunto da seção anterior), abrir mão de nossos valores morais não é uma boa opção. Eles não são ervas daninhas. E o outro caminho? Por que não desistir de todos os nossos outros objetivos e nos tornar uma espécie de superestrela moral? O problema com essa estratégia é que, mesmo que seja a coisa certa a fazer do ponto de vista moral, não acho que a maioria de nós conseguiria. Essa é a realidade pela mesma razão de não podermos abrir mão de nossos valores morais: muitas das coisas com as quais nos preocupamos que roubam nosso tempo de se dedicar a melhorar o mundo são centrais para o sistema de valores com o qual nos identificamos. Amizade, família, carreira, arte, esportes ou fé também não são ervas daninhas.

Se estamos presos no conflito, temos que pensar em mudar os meios para os nossos fins ou reinterpretar o fim. Mudar os meios para a finalidade de "ser moral" ou "tornar o mundo um lugar melhor" não nos ajudará muito, porque parte do problema é que não temos certeza do que isso exige. Sendo assim, faríamos bem em pensar sobre nossa estratégia de reinterpretação. Existe uma forma de pensar sobre o valor de tornar o mundo um lugar melhor que reduza o conflito entre a moralidade e nossos outros objetivos? Acho que sim – podemos pensar em nossos valores morais em termos de fazer nossa parcela justa como parte de uma equipe ou comunidade moral. Não estou dizendo que *fazer sua parte justa* é *a* maneira certa de pensar sobre valores morais se estivermos focados no que é moralmente exigido. Talvez do ponto de vista moral isso não seja suficiente. Mas *fazer sua parte justa* é uma forma de pensar a moralidade que é útil para todos nós que estamos lutando para descobrir como conciliar vários objetivos e demandas em nosso tempo.

Além disso, o ato de *fazer sua parte* tem raízes profundas na filosofia moral. É a estratégia recomendada por pelo menos duas tradições antigas: o utilitarismo das regras e a teoria do contrato social.[10] Ambas recomendam que identifiquemos e sigamos algumas regras para nossas contribuições morais – regras que determinam quanto de nosso tempo devemos dedicar a ajudar outras pessoas, quanto dinheiro devemos doar para causas nobres e assim por diante. O utilitarismo das regras diz que as regras certas são aquelas que produziriam os melhores resultados se todos as seguissem. A teoria do contrato social, conforme descrita anteriormente, diz que as regras certas são aquelas com as quais todos concordaríamos se tivéssemos uma discussão razoável e justa sobre como conduzir nossa vida juntos. De qualquer forma, essas regras não exigem grandes sacrifícios, porque são definidas tendo como pano de fundo a premissa de que estamos todos juntos nisso e cada um de nós precisa seguir as mesmas regras. Se pensarmos em nossos valores morais dessa maneira, em vez de pensarmos que nossas contribuições só são importantes se forem grandes, podemos achar que estamos indo muito bem, moralmente falando, desde que façamos a nossa parte.

Fazer sua parte representa um bom pedigree filosófico, mas também tem alguns problemas.

O maior deles é que, logicamente, nem todos fazem sua parte. As regras morais que fazem sentido seguir são aquelas que funcionam se todos nós as seguirmos. São as regras que presumem que somos jogadores iguais no time moral. Mas isso é obviamente falso, e dizer que "vamos todos contribuir e fazer a nossa parte" pode soar extremamente ingênuo. Existem superestrelas morais que fazem muito mais do que nós para aliviar o sofrimento e lutar por justiça. Existem pessoas que dedicam a própria vida ao ativismo político, que doam rins para estranhos, que aceitam empregos no mercado financeiro para que possam doar mais dinheiro para boas instituições de caridade.[11] Também existem monstros morais que tornam tudo dramaticamente pior para todo mundo. E há muitos covardes que não estão cometendo genocídio nem fomentando a derrubada da democracia, mas não são particularmente prestativos e estão pouco comprometidos com a justiça.

Seria um mundo maravilhoso se todos nós fizéssemos a nossa parte. Se estivéssemos todos remando na mesma direção, chegaríamos ao nosso destino com facilidade. Em vez disso, temos pessoas remando em direções opostas e outras atirando em outros remadores. O que isso significa para o programa *faça sua parte justa*? Bem, é verdade que a maioria de nós é capaz de responder a emergências morais de curto prazo abandonando tudo o mais e colocando toda a nossa energia para nos salvar do desastre. Após o assassinato de George Floyd por um policial de Minneapolis, e nos últimos dias do governo Trump, quando parecia que nossa democracia estava à beira do fracasso, muitos americanos fizeram muito mais do que normalmente fazem. As pessoas foram a comícios e protestos apesar da pandemia, assinaram cheques para grupos e organizações antirracistas que apoiavam o voto justo, se voluntariaram para organizações de apoio à eleição e distribuição de alimentos e muitas outras. Mas a maioria das pessoas não é capaz de viver no modo de emergência para sempre. Para momentos não emergenciais, fazer a sua parte é melhor do que não fazer nada, e fazer a sua parte pode ser tudo o que a maioria de nós seja realmente capaz de fazer. (Talvez eu esteja menosprezando os seres humanos aqui, mas acho que não.)

Essa ênfase no que somos capazes de fazer levanta outra preocupação. Pode parecer que *fazer sua parte justa* torna possível cumprirmos nossos valores morais de forma mais fácil. Isso me lembra o ditado de que o segredo para uma boa autoestima é rebaixar seus padrões a ponto de já serem alcançados. Estou sugerindo reduzirmos nossos padrões morais? Isso não parece certo, e não é o que quero dizer. Há uma diferença entre se ver desempenhando um pequeno papel em um projeto ambicioso e se ver como o protagonista de um projeto insignificante. Minha sugestão é de que mantenhamos padrões muito elevados para o que tornaria o mundo um lugar melhor, mas reconheçamos que esses padrões só podem ser alcançados por muitas pessoas trabalhando juntas. Os padrões para *minhas* ações são os padrões para um jogador de equipe, não um superastro.

Mas você ainda pode se preocupar que isso retire a responsabilidade dos seres humanos com muita facilidade. Se pensarmos em nós mesmos como "jogadores de equipe" morais, não nos contentaremos com uma meta pessoal muito baixa, mesmo que mantenhamos alta a meta da equipe? Não necessariamente. Em primeiro lugar, estar em um time geralmente nos faz jogar melhor. Como criaturas simpáticas, queremos impressionar outras pessoas e fazê-las pensar coisas boas sobre nós. Não queremos decepcionar os outros e somos motivados pelo exemplo deles.

Em segundo lugar, assim como acontece com muitos de nossos valores, os valores morais trazem consigo compromissos ambiciosos de melhoria. John Rawls, um dos grandes filósofos do século XX, chamou isso de princípio aristotélico, dizendo que "os seres humanos desfrutam do exercício de suas capacidades realizadas (suas habilidades inatas ou treinadas), e esse prazer aumenta quanto mais a capacidade é realizada ou maior a sua complexidade".[12] Essa ideia de que aproveitamos mais as nossas atividades quando enfrentamos mais desafios e melhoramos também é apoiada pela ciência psicológica. A pesquisa sobre "experiências de fluxo" (discutida no capítulo 3) mostra que existe um ponto ideal para o fluxo entre o tédio e a ansiedade, o ponto em que uma pessoa é desafiada o suficiente para ficar excitada, mas não tanto a ponto de ficar frustrada.[13] À medida que nossas habilidades se desenvolvem, esse ponto avança. Portanto, como acontece com qualquer um de nossos valores importantes, não devemos ser complacentes.

Para evitar a complacência, podemos pensar em melhorar ou fazer melhor do que fizemos no passado. Como pode ser deduzido pelo nome do princípio de Rawls, Aristóteles era um fã do autoaperfeiçoamento. Ele recomendou um programa de desenvolvimento de caráter no qual nos modelamos segundo pessoas que são melhores do que nós, agindo consistentemente com a virtude até nos tornarmos o tipo de pessoa a quem isso acontece naturalmente. "Finja até conseguir" é o slogan em que meus alunos pensam quando são apresentados a Aristóteles. Ora, para Aristóteles, ser virtuoso significava ser guiado por nossas faculdades racionais e atingir a moderação em nossas paixões e desejos. Não tinha a ver especificamente com aliviar o sofrimento ou a pobreza global. Mas sua ideia básica de que podemos nos comprometer a ser pessoas melhores é uma boa forma de pensar sobre os valores morais que temos agora. Podemos fazer nossa parte justa enquanto buscamos formas de melhorar. Novamente, isso não é tão diferente de como acontece com muitos de nossos objetivos. Para a maioria das nossas atividades complexas, o ideal de melhoria está embutido. Isso significa que pensar em nossos valores morais como recomendação de que façamos nossa parte justa não significa que apenas relaxaremos e concordaremos com um desempenho medíocre. (Podemos fazer isso, claro, por preguiça ou egoísmo, mas não é culpa do *fazer a sua parte*!)

Alguns conselhos práticos sobre moralidade surgem quando pensamos que devemos fazer nossa parte justa sem nos tornarmos complacentes: faça alguma coisa. Faça algo que se encaixe com você e na sua vida. Faça algo que se encaixe no longo prazo.

"Faça alguma coisa" é bastante simples. "Faça algo que se encaixe com você e na sua vida" não é tão diferente de um bom conselho para qualquer um dos nossos objetivos. E, como vimos com outros objetivos, o que se ajusta a você e à sua vida depende muito dos detalhes e pode significar coisas diferentes para pessoas diferentes.[14] Algumas pessoas precisam de alguma variedade na vida delas e podem se beneficiar da realização de seus valores morais de uma forma que lhes permita fazer algo completamente diferente. Outras têm muito com que lidar e se dariam melhor se contribuíssem com seus valores morais simultaneamente com outros objetivos – por exemplo, passar mais tempo com os filhos fazendo trabalho voluntário junto. Além disso, como acontece com outras metas, o que se encaixa no longo prazo não precisa ser exatamente a mesma coisa para sempre. À medida que nossa vida muda e temos mais ou menos tempo, dinheiro e energia, aquilo que se encaixa a ela também pode mudar. Surgirão emergências morais que exigirão mais atenção no curto prazo. Mas, no longo prazo, estamos bem servidos se encontrarmos maneiras de tornar o mundo um lugar melhor que não acabem nos exaurindo em questão de meses.

Como vimos no capítulo 5, o contexto social em que tentamos realizar nossos valores pode criar desafios para nós. Por exemplo, estar na ponta passiva de preconceitos racistas ou de gênero pode tornar uma pessoa mais motivada a trabalhar nesses problemas, potencialmente permitindo que ela alcance objetivos pessoais e morais ao mesmo tempo. Por um lado, isso pode ser uma boa coisa. Direcionar seus recursos de "tornar o mundo um lugar melhor" para algo que seja pessoalmente significativo é uma boa forma de fazer algo que se encaixa em você no longo prazo. Por outro lado, é injusto que as pessoas mais prejudicadas pela opressão sejam as que gastam mais tempo a combatê-la. Reconhecer isso pode ser desanimador e até mesmo criar ressentimento. O ressentimento é tóxico para a realização de valores, porque nos leva a ruminar sobre a injustiça ou punir as pessoas que se beneficiam dela, o que geralmente não nos ajuda a fazer o que realmente importa para nós. Assim como acontece com nossos outros objetivos e valores, é útil entender o contexto no qual estamos tentando alcançar nossos objetivos morais e levar isso em conta ao buscarmos uma forma de encaixar nossos valores.

Até agora, me concentrei nas obrigações morais positivas de ajudar os outros, melhorar o mundo, trabalhar pela justiça e assim por diante. E quanto às obrigações morais negativas, tais como as de não mentir, não roubar ou não matar pessoas inocentes? *Faça a sua parte, mas não seja complacente* não é suficiente aqui. Sua parte de não matar pessoas inocentes é, na verdade, nunca matar uma pessoa inocente. E roubar *menos* do que no ano passado não é moralmente muito bom. Kant chamou esses deveres morais de "perfeitos", querendo dizer que são deveres que devemos sempre cumprir. Não temos critérios aqui de como interpretamos o valor moral. Suspeito que não haja um consenso perfeito a respeito disso. Muitas pessoas pensam que pequenas mentiras inocentes são moralmente aceitáveis, por exemplo. Mas há um consenso generalizado de que essas obrigações morais negativas sejam muito mais rigorosas do que a obrigação positiva de tornar o mundo um lugar melhor.

Por causa desse acordo, acho que a forma certa de pensar sobre essas obrigações – quando se trata de cumprimento de valores e conflito de metas – é considerá-las como restrições em vez de metas. Não mentir para promover seus próprios objetivos não é em si um objetivo que deva se encaixar com os demais. Não assassinar o colega que atrapalha sua promoção não é uma meta que você deva tentar reinterpretar para que seja compatível com seus valores. Essas regras morais do tipo "não fazer isso" são os limites do que devemos fazer na busca de nossos objetivos e valores. Voltando à nossa metáfora da jardinagem, elas são como os limites da nossa propriedade. Ao planejar seu jardim, você nem deveria pensar em plantar coisas no quintal do vizinho (mesmo que lá tenha mais sol para suas rosas).

Glauco não está errado em dizer que a moralidade e o interesse próprio entram em conflito. Mas acho que ele está errado ao dizer que esse é o conflito central de nossa vida. Para a maioria de nós, o conflito entre "fazer a coisa certa" e "fazer o que queremos" não é do tipo que causa uma crise de meia-idade ou angústia existencial, ou que nos leva à terapia. O que causa mais problemas para nós é como encaixar as coisas, e não se devemos abandonar a moralidade por causa de atividades egoístas.

Quando o filósofo existencialista Jean-Paul Sartre – um especialista em crise existencial, se é que houve alguma – quer dar um exemplo que ilustre a filosofia do Existencialismo, ele fala sobre seu aluno que,

> naquele momento, teve a opção de escolher entre ir para a Inglaterra para se juntar às Forças Francesas Livres ou ficar perto da mãe e ajudá-la a viver a vida. Ele percebeu plenamente que essa mulher vivia apenas para ele e que seu desaparecimento – ou talvez sua morte – a mergulharia no desespero.[15]

O aluno de Sartre estava escolhendo entre a guerra e cuidar da mãe. Nenhuma dessas opções parece muito boa para ele do ponto de vista dos interesses egoístas. Cada uma é recomendada por um valor *moral* diferente, e são opções mutuamente exclusivas. Essa é a crise.

Para o existencialista, nossas escolhas, sejam elas morais ou outras, não são determinadas pela razão, pela natureza humana ou por qualquer outra coisa. Somos radicalmente livres para escolher o que queremos, e é a nossa escolha que confere valor à opção. A única restrição ao soldado, do ponto de vista do existencialista, é que ele deve escolher "autenticamente" – isto é, deve reconhecer sua própria liberdade e assumir a responsabilidade por tudo o que decidir. E, no entanto, como podemos ver no exemplo de Sartre, até mesmo um existencialista pensa que os valores morais podem ser convincentes: ao contrário de egoístas como Glauco, às vezes a moralidade é o que escolhemos.

Obviamente, concordo com os existencialistas sobre isso, mas acrescentaria que os valores morais são obrigatórios por causa de como nós, seres humanos, somos. Portanto, a escolha também é vital em minha abordagem, mas não uma escolha *radical*. Nossas escolhas devem ser baseadas em como somos psicologicamente, em nossas circunstâncias e em tudo o que consideramos importante. Afinal, não fazemos jardinagem com liberdade radical. Temos que plantar o que pode crescer onde moramos.

CONCLUSÃO

Às vezes, observo meus cachorros com inveja. Eles parecem viver a vida sem muito esforço. Deitados ao sol, observando esquilos ou sentados curtindo uma guloseima, eles estão "concentrados", sem conflito e sem dúvida sobre se estão fazendo algo que vale a pena ou não. Por causa de nossa mente complexa e reflexiva, esse tipo de contentamento fácil ilude muitos de nós. As coisas que são importantes para nós entram em conflito e nos fazem pensar se não estamos latindo para a árvore errada. Essa certamente foi minha experiência, e sei que não estou sozinha. Todos que conheço se perguntam o que devem fazer consigo mesmos, se estão fazendo a coisa certa da forma correta e como melhorar a vida deles e das pessoas que amam.

Minha solução para esse problema humano é descobrir o que realmente importa e encontrar formas de viver de acordo com esses valores em sua vida. Mas será que precisamos mesmo dessa abordagem filosófica? Por que não apenas pesquisar no Google? Você pode de fato pesquisar no Google o que realmente importa! Saúde, família, amigos, amor, propósito, paixão e educação, muitas das coisas sobre as quais falamos neste livro. Mas acho que isso não resolve o nosso problema, porque precisamos saber *como* valorizar essas coisas: O que significa valorizar a amizade? Quando o trabalho e a família entram em conflito, o que é mais importante? Como você encontra sua paixão? Temos que descobrir isso à medida que avançamos. Aprendendo sobre nós mesmos e nosso ambiente, refinando nossos valores e metas, experimentando coisas e estando dispostos a aprender com nossa experiência. Nesse processo, achei útil pensar em mim mesma como uma criatura em busca de objetivos, assim como qualquer outro animal. Como eles, me saio melhor quando consigo conquistar as coisas que me interessam e, também como eles, tenho objetivos profundamente enraizados e difíceis de mudar. Ao contrário deles, sou capaz de mudar o que é importante para mim e a forma como penso a respeito (pelo menos até certo ponto). O cérebro humano sofisticado que dá origem ao problema também fornece a solução, proporcionando-nos a flexibilidade para refinar nossos valores e reinterpretar o que significa ter sucesso em termos do que realmente importa.[1]

Pensar em si mesmo como um perseguidor de objetivos pode parecer individualista. Eu tenho meus objetivos e você tem os seus, e cada um de nós procura alcançá-los de forma independente. Mas essa aparência de individualismo se resume a isso. Buscar atingir seus valores é tão solitário quanto os próprios valores. Valorizamos outras pessoas, nosso relacionamento com elas, as comunidades que compartilhamos e o trabalho que fazemos juntos. As outras pessoas são indispensáveis para aprendermos sobre nós mesmos e sustentarmos nosso senso de que o que estamos fazendo faz toda a diferença. Para encontrar nossos melhores valores, devemos reconhecer todas as formas pelas quais nossos valores nos conectam uns aos outros. Se o ato de encontrar, refinar e buscar nossos valores é como a jardinagem, nós não apenas jardinamos sem uma liberdade radical, como também não jardinamos sozinhos.

Outro dia, eu estava conversando com alguns amigos de meia-idade como eu sobre quão surpreendente achamos o fato de sermos tão velhos quanto achamos que somos. Minha mãe e suas amigas também se surpreendem com a idade delas. Parece-me que esse sentimento de surpresa tem a ver com o fato de nenhum de nós ter tido a experiência que esperávamos de tudo já estar resolvido. Quando éramos jovens prevíamos que, quando fôssemos velhos, teríamos descoberto tudo, saberíamos o que estávamos fazendo, nos sentiríamos sábios e maduros. A forma positiva de descrever isso é que a vida está sempre em desenvolvimento! Embora tenhamos talvez presumido o contrário quando éramos jovens, a vida não é o tipo de coisa que você aprende e coloca no piloto automático. Continuamos nos movendo, definindo novas metas, encontrando novos conflitos e descobrindo como resolvê-los. Se essa é a nossa condição humana, estamos bem servidos em identificar valores que iluminam o caminho e em tentar vivê-los com compromisso e flexibilidade.

AGRADECIMENTOS

Quero agradecer a meu pai, Richard Tiberius, por me encorajar a pensar que as ideias que venho explorando no meio acadêmico sobre bem-estar podem ser de interesse para um público mais abrangente. Vale dizer que meu pai não é daqueles que dizem que "tudo que você faz é fantástico!". Ele é mais das antigas. Reagindo ao meu primeiro livro, sua resposta foi "Veja bem, Val, ele é realmente... denso". E, reagindo ao primeiro rascunho deste livro, ele hesitou e gaguejou antes de me dizer que parecia um roteiro para um seminário de pós-graduação. Obviamente não era um elogio. Mas ele ficou entusiasmado com as melhorias, e espero ter feito justiça a todas as conversas maravilhosamente gratificantes que tivemos à medida que o livro avançava. Enquanto eu trabalhava no manuscrito, tornou-se um assunto de família. Meu marido, J. D. Walker, minha mãe, Merike Lugus, e minha irmã, Paula Tiberius (todos escritores), forneceram um generoso feedback e encorajamento. Todas essas pessoas estão um pouco mais próximas de "tudo o que você faz é fantástico!", assim suas excelentes críticas foram deliciosamente salpicadas de elogios. Minha sogra, Zella Walker, também deu um feedback útil, o que resultou na adição da seção "Roteiro". Sou muito grata à minha família e também aos meus amigos, sem os quais eu saberia muito menos sobre o que é valioso na vida.

Tive a sorte de contar com a ajuda perspicaz e diligente de Qiannan Li como minha assistente de pesquisa enquanto trabalhava neste livro. Ter essa sorte foi possível graças à cátedra de Paul W. Frenzel em Artes Liberais. Sou muito grata ao meu editor, Rob Tempio, que pensou há muito tempo que eu deveria escrever um livro para um público mais abrangente, respondendo às minhas várias perguntas de forma rápida e prestativa enquanto resolvia seus próprios conflitos de valor em confinamento com uma criança pequena. Foi maravilhoso trabalhar com a equipe da Princeton University Press. Agradeço também à minha copidesque, Katherine Harper, cuja ajuda com o manuscrito foi muito além do esperado. Também quero agradecer aos meus dois revisores anônimos, que forneceram comentários detalhados e construtivos. Tenho uma dívida especial com o revisor anônimo Dan Haybron, que me conhece bem demais para permanecer anônimo. Muitas de suas perguntas sobre o manuscrito resultaram em melhorias substanciais, embora eu tenha certeza de que minha abordagem ainda é subjetiva demais para o gosto dele. Agradeço também a Colin DeYoung, que responde a todas as minhas perguntas sobre pesquisa psicológica com clareza e paciência, e a Jemma Rane, por sua visão sobre a minha vida e a vida em geral.

 Não era meu plano inicial escrever um livro que tivesse algo a ver com sexismo. Mas, ao pensar na desconexão entre minhas próprias tentativas de viver uma vida boa e o que li na filosofia acadêmica, de repente me pareceu que essa perspectiva era algo com o qual eu poderia contribuir. Acho que não teria pensado nisso se não fosse pelas muitas jovens acadêmicas que responderam positivamente ao meu trabalho, relatando que apreciam o fato de eu falar sobre tópicos práticos que geralmente são ignorados pela filosofia dominante. Sukaina Hirji merece um agradecimento especial por seus comentários inspiradores sobre meu livro anterior. Conversas com minhas colegas Juliette Cherbuliez, Jessica Gordon-Roth e Melissa Koenig também me ajudaram a ver o valor dessa perspectiva. Por causa dessas mulheres e do trabalho de filósofas feministas que sempre acharam que não há problema em falar sobre as próprias experiências pessoais, fui encorajada a incluir exemplos da minha vida. Agradeço a essas mulheres pioneiras e também àquelas que corajosamente estão seguindo os passos delas.

NOTAS

PREFÁCIO

1. Sobre práticas de gratidão e outros hábitos de felicidade, veja Sonja Lyubomirsky, *The How of Happiness: A Scientific Approach to Getting the Life You Want* (Nova York: Penguin Press, 2008), p. 89-101. Você pode aprender sobre respostas construtivas e ativas on-line, por exemplo, em: https://positivepsychology.com/active-constructive-communication/.
2. James Baldwin, *Go Tell It on the Mountain* (New York: Knopf Doubleday, 2013); Ta-Nehisi Coates, *The Beautiful Struggle* (Londres: One World, 2009); Nikole Hannah Jones, *The 1619 Project: A New Origin Story* (New York: Random House, 2021); Ibram X. Kendi, *How to Be an Antiracist* (Londres: One World, 2019); Isabel Wilkerson, *The Warmth of Other Suns: The Epic Story of America's Great Migration* (Nova York: Vintage, 2011).

CAPÍTULO 1. O QUE QUEREMOS E QUAIS SÃO OS OBSTÁCULOS

1. A Princeton University Press recentemente mudou as políticas sobre o uso de "they" e "them" como pronomes singulares, de terceira pessoa e de gênero neutro em inglês. Sei que irrita os nervos gramaticais de algumas pessoas, mas estou com o

colunista do *New York Times*, Farhad Manjoo, ao pensar que "It's time for 'They'": https://www.nytimes.com/2019/07/10/opinion/pronoun-they-gender.html.

2. Aqui estão alguns clássicos contemporâneos da literatura filosófica que representam a diversidade de perspectivas: Fred Feldman, *Pleasure and the Good Life: Concerning the Nature, Varieties, and Plausibility of Hedonism* (Oxford: Clarendon Press, 2004); Richard Kraut, *What Is Good and Why* (Cambridge, MA: Harvard University Press, 2009); L. W. Sumner, *Welfare, Happiness, and Ethics* (Oxford: Clarendon Press, 1999).

3. A literatura da psicologia é vasta. Você pode ter uma noção da variedade de perspectivas nestas pesquisas: Daniel Kahneman, Edward Diener e Norbert Schwarz (ed.), *Well-Being: Foundations of Hedonic Psychology* (Nova York: Russell Sage Foundation, 2003); Shane J. Lopez e C. R. Snyder (ed.), *Handbook of Positive Psychology* (Nova York: Oxford University Press, 2011); Alan S. Waterman (ed.), *The Best within Us: Positive Psychology Perspectives on Eudaimonia* (Washington, DC: American Psychological Association, 2013).

4. Valerie Tiberius, *Well-Being as Value Fulfillment: How We Can Help Each Other to Live Well* (Oxford: Oxford University Press, 2018).

5. Os psicólogos mostraram que as pessoas confiam nesses importantes domínios da vida para avaliar sua satisfação geral com a vida. U. Schimmack, E. Diener e S. Oishi, "Life Satisfaction Is a Momentary Judgment and a Stable Personality Characteristic: The Use of Chronically Accessible and Stable Sources", em *Assessing Well-Being* (Dordrecht: Springer, 2009), p. 181-212; William Pavot e Ed Diener, "The

Satisfaction with Life Scale and the Emerging Construct of Life Satisfaction", *The Journal of Positive Psychology*, v. 3, n. 2, 2008, p. 137-52.
6. Há um sentido, no entanto, em que concordo com o Existencialismo sobre a "essência humana". Concordo que não existe uma natureza humana universal que defina o que é bom para cada pessoa independentemente das escolhas dela. Entretanto, quaisquer que sejam as características da natureza humana que determinada pessoa compartilhe, elas virão moldar o que é bom para ela valorizar.

CAPÍTULO 2. O QUE TARTARUGAS, CÃES E PESSOAS TÊM EM COMUM

1. Os trabalhos que mais me influenciaram aqui são Colin G. DeYoung, "Cybernetic Big Five Theory", *Journal of Research in Personality* v. 56, 2015, p. 33-58; e Charles S. Carver e Michael F. Scheier, *On the Self-Regulation of Behavior* (Cambridge: Cambridge University Press, 2001).
2. A memória funcional é a pequena porcentagem de nossa memória que podemos usar no raciocínio consciente. A maior parte de nossas memórias é armazenada na memória de longo prazo, que não é imediatamente acessível. Bernard J. Baars e Stan Franklin, "How Conscious Experience and Working Memory Interact", *Trends in Cognitive Sciences* v. 7, n. 4, 2003, p. 166-72.
3. Roy Baumeister e Mark R. Leary, "The Need to Belong: Desire for Interpersonal Attachments as a Fundamental Human Motivation", *Psychological Bulletin*, v. 117, n. 3, 1995, p. 497.

4. Christine L. Nittrouer *et al.*, "Gender Disparities in Colloquium Speakers at Top Universities", *Proceedings of the National Academy of Sciences*, v. 115, n. 1, 2017, p. 104-8; Deborah James e Janice Drakich. "Understanding Gender Differences in Amount of Talk: A Critical Review of Research", em *Gender and Conversational Interaction*, ed. Deborah Tannen (Oxford: Oxford University Press on Demand, 1993), p. 281-312.

CAPÍTULO 3. QUAIS SÃO OS NOSSOS VALORES... E QUAIS DEVERIAM SER?

1. Dois livros excelentes que revisam a pesquisa psicológica são Daniel M. Haybron, *The Pursuit of Unhappiness: The Elusive Psychology of Well-Being* (Oxford: Oxford University Press, 2008), e Timothy D. Wilson, *Strangers to Ourselves: Discovering the Adaptive Unconscious* (Cambridge, MA: Harvard University Press, 2004).
2. Mesmo quando faz essas observações, ela não tem certeza de que está apaixonada. Ela demora um pouco mais para descobrir isso. Jane Austen, *Pride and Prejudice* (Nova York: Alfred A. Knopf, 1991), p. 196.
3. Joni Mitchell, "Big Yellow Taxi", *Ladies of the Canyon*, 1970.
4. Aqui, simpatizo com uma teoria de razão prática chamada "especificacionismo". Henry S. Richardson, *Practical Reasoning about Final Ends* (Cambridge: Cambridge University Press, 1997).
5. Justin Kruger e David Dunning, "Unskilled and Unaware of It: How Difficulties in Recognizing One's Own Incompetence Lead to Inflated Self-Assessments", *Journal of Personality and Social Psychology*, v. 77, n. 6, 1999, p. 1121; Ola Svenson.

"Are We All Less Risky and More Skillful than Our Fellow Drivers?", *Acta psychologica*, v. 47, n. 2, 1981, p. 143-48.
6. Abraham Harold Maslow, "A Theory of Human Motivation", *Psychological Review*, v. 50, n. 4, 1943, p. 370.
7. Carol D. Ryff, "Happiness Is Everything, or Is It? Explorations on the Meaning of Psychological Well-Being", *Journal of Personality and Social Psychology*, v. 57, n. 6, 1989, p. 1069; Richard M. Ryan e Edward L. Deci, "On Happiness and Human Potentials: A Review of Research on Hedonic and Eudaimonic Well-Being", *Annual Review of Psychology*, v. 52, n. 1, 2001, p. 141-66.
8. A Occupational Safety and Health Administration (Administração de Segurança e Saúde Ocupacional; OSHA, na sigla em inglês), do Departamento de Trabalho dos Estados Unidos, lista o estresse como um perigo no local de trabalho devido aos seus efeitos na saúde: https://www.osha.gov/etools/hospitals/hospital-wide-hazards/work-related-stress. Para uma revisão de algumas das pesquisas, consulte Michelle M. Larzelere e Glenn N. Jones, "Stress and Health", *Primary Care: Clinics in Office Practice*, v. 35, n. 4, 2008, p. 839-56.
9. Gordon Moskowitz e Heidi Grant (ed.), *The Psychology of Goals* (Nova York: Guilford Press, 2009), p. 480-505.
10. "5 Benefits of Boredom", *Psychology Today*, 4 abr. 2020, https://www.psychologytoday.com/ca/blog/science-choice/202004/5-benefits-boredom.
11. Devemos estar cientes de que o tédio generalizado e a falta de interesse nas atividades normais também podem ser um sinal de depressão.
12. Daniel M. Haybron, *Happiness: A Very Short Introduction* (Oxford: Oxford University Press, 2013), p. 21. A pesquisa original sobre

fluxo é de Mihaly Csikszentmihalyi, *Flow: The Psychology of Optimal Experience* (Nova York: Harper e Row, 1990).
13. "Waiting Games", *podcast* de Hidden Brain com Kyla Rankin, https://hiddenbrain.org/podcast/waiting-games/.
14. Alegria e tranquilidade são os outros dois componentes da felicidade, de acordo com Haybron, *Happiness*, p. 23.
15. Michaéla C. Schippers e Niklas Ziegler, "Life Crafting as a Way to Find Purpose and Meaning in Life", *Frontiers in Psychology*, v. 10, 2019, p. 2778. Existem bons recursos on-line para esses exercícios, e um bom orientador pessoal ou terapeuta provavelmente também podem recomendar alguns.
16. Simine Vazire. "Who Knows What about a Person? The Self–Other Knowledge Asymmetry (SOKA) Model", Journal of Personality and Social Psychology 98, nr. 2 (2010): 281.
17. Martin Luther King, Jr., "A Letter from Birmingham Jail", *Ebony*, ago. 1963, p. 23-32, 25.
18. Kendi, *How to Be an Antiracist*, p. 6.
19. Brincar é uma de nossas funções humanas essenciais, de acordo com Martha C. Nussbaum, *Women and Human Development: The Capabilities Approach* (Nova York: Cambridge University Press, 2001), p. 80.

CAPÍTULO 4. SOBRE MORANGOS E SEGURANÇA, OU COMO RESOLVER CONFLITOS

1. As pessoas LGBTQIA+ lidam com esse tipo de conflito de formas diferentes. Meu raciocínio sobre esse tópico foi influenciado pela leitura de D. Moon e T. W. Tobin, "Sunsets and Solidarity: Overcoming Sacramental Shame in Conservative

Christian Churches to Forge a Queer Vision of Love and Justice", *Hypatia*, v. 33, n. 3, 2018, p. 451-68; J. E. Sumerau, R. T. Cragun e L. A. Mathers, "Contemporary Religion and the Cisgendering of Reality", *Social Currents*, v. 3, n. 3, 2016, p. 293-311; Mimi Swartz, "Living the Good Lie", *The New York Times*, 19 jun. 2011, https://www.nytimes.com/2011/06/19/magazine/therapists-who-help-people-stay-in-the-closet.html; John Gustave-Wrathall, "Pillars of My Faith", *Affirmation: LGBTQ Mormons, Family and Friends*, 16 ago. 2014, https://affirmation.org/pillars-faith/.

2. De acordo com o psicólogo Mark Snyder, especialista em voluntariado, "Um tema recorrente na pesquisa sobre voluntariado é que os voluntários se sentem mais satisfeitos, eficazes e atuam por mais tempo se o voluntariado atender às suas motivações pessoais e sociais para servir como voluntários" (Conversa pessoal, 2021). Ver também Mark Snyder, Allen M. Omoto e P. C. Dwyer, "Volunteerism: Multiple Perspectives on Benefits and Costs", em A. G. Miller (ed.), *The Social Psychology of Good and Evil*, 2. ed. (Nova York: Guilford Press, 2016), p. 467-493; Peggy A. Thoits e Lyndi N. Hewitt, "Volunteer Work and Well-Being", *Journal of Health and Social Behavior*, v. 42, 2001, p. 115-31.

3. Tim Kasser. *The High Price of Materialism* (Cambridge, MA: MIT Press, 2002); Tim Kasser, "Materialistic Values and Goals", *Annual Review of Psychology*, v. 67, 2016, p. 489-514.

4. Ladd Wheeler e Kunitate Miyake, "Social Comparison in Everyday Life", *Journal of Personality and Social Psychology*, v. 62, n. 5, 1992, p. 760.

5. Carl R. Rogers, "The Necessary and Sufficient Conditions of Therapeutic Personality Change", *Journal of Consulting Psychology*, v. 21, n. 2, 1957, p. 95.

6. R. Nozick, *Anarchy, State, and Utopia* (Nova York: Basic Books, 1974).
7. Raymond S. Nickerson, "Confirmation Bias: A Ubiquitous Phenomenon in Many Guises", *Review of General Psychology*, v. 2, n. 2, 1998, p. 175-220.
8. O termo psicológico para isso é "viés egocêntrico". Kruger and Dunning, *Unskilled and Unaware of It*, p. 1.121.
9. "Irmão da filosofia" é o jargão nobre da minha área; basicamente se refere a um filósofo famoso e machista que não ouve mais ninguém.

CAPÍTULO 5. VALORES EM UMA CULTURA INJUSTA

1. Bourree Lam, "The Socialization of Women and the Gender Gap", *The Atlantic*, 10 ago. 2016, https://www.theatlantic.com/notes/2016/08/the-socialization-of-women/495200/; Shelley Coverman, "Gender, Domestic Labor Time, and Wage Inequality", *American Sociological Review*, v. 48, n. 5, 1983, p. 623-37.
2. Às vezes atribuído a Eleanor Roosevelt, mas na verdade dito pela historiadora vencedora do prêmio Pulitzer, Laurel Thatcher Ulrich.
3. "'Man Up': How a Fear of Appearing Feminine Restricts Men, and Affects Us All", *Hidden Brain*, National Public Radio, 1º out. 2018, https://www.npr.org/transcripts/653339162.
4. Jennifer K. Bosson *et al.*, "Precarious Manhood and Displays of Physical Aggression", *Personality and Social Psychology Bulletin*, v. 35, n. 5, jun. 2009, p. 623-34, https://doi.org/10.1177/0146167208331161.

5. Jonathan Malesic argumenta que o papel dos homens fortemente enraizado como provedores está em conflito com os objetivos de trabalho e paternidade. Malesic, *The End of Burnout: Why Work Drains Us and How to Build Better Lives* (Oakland: University of California Press, 2022).

CAPÍTULO 6. QUANDO TUDO DÁ ERRADO

1. A síndrome do impostor, para aqueles que não tiveram o prazer de conhecê-la, é o nome dado aos sentimentos de insegurança e incompetência que persistem apesar das conquistas e das qualificações objetivas. Isso é comum no meio acadêmico.
2. Costuma ser chamado de problema de "preferências adaptativas". Serene J. Khader, *Adaptive Preferences and Women's Empowerment* (Oxford: Oxford University Press, 2011); Nussbaum, *Women and Human Development*.
3. Tara Westover, *Educated* (Nova York: Random House, 2018).

CAPÍTULO 7. O VALOR DOS OUTROS

1. Joseph Henrich, *The Secret of Our Success: How Culture Is Driving Human Evolution, Domesticating Our Species, and Making Us Smarter* (Princeton: Princeton University Press, 2015).
2. Você pode ver isso nos muitos livros sobre bem-estar já citados nestas notas. Para um exemplo adicional de um filósofo que defende uma "lista objetiva" de bens que melhoram o bem-estar, leia Guy Fletcher, "A Fresh Start for the Objective-List Theory of Well-Being", *Utilitas*, v. 25, n. 2, 2013, p. 206-20.

3. Paul Bloom dá uma explicação muito clara do que há de errado com essa ideia (muitas vezes chamada de "hedonismo psicológico") em seu livro *The Sweet Spot: The Pleasures of Suffering and the Search for Meaning* (Nova York: Ecco, 2021). Bloom oferece uma defesa convincente do que ele chama de "pluralismo motivacional". Sobre motivações não egoístas em particular, leia também Charles Daniel Batson, *Altruism in Humans* (Nova York: Oxford University Press, 2011) e Robert Kurzban, Maxwell N. Burton-Chellew e Stuart A. West. "The Evolution of Altruism in Humans", *Annual Review of Psychology*, v. 66, 2015, p. 575-99.
4. Caroline R. Lavelock et al., "The Quiet Virtue Speaks: An Intervention to Promote Humility", *Journal of Psychology and Theology*, v. 42, n. 1, 2014, p. 99-110.
5. Epiteto, *The Enchiridion*, trad. Thomas W. Higginson (Nova York: Liberal Arts Press, 1948).
6. Joseph R. Biden, *Promise Me, Dad: A Year of Hope, Hardship, and Purpose* (Nova York: Flatiron Books, 2017), p. 33.

CAPÍTULO 8. EXERCENDO NOSSOS VALORES... MORALMENTE

1. David Hume, *A Treatise of Human Nature*, 2. ed., Livro 3: "Of Morals", ed. L. A. Selby Bigge (Oxford: Oxford University Press, 1978), p. 589.
2. Também ensino a eles os argumentos contra essa forma de relativismo, que são muito convincentes. Uma boa introdução pode ser encontrada em *The Fundamentals of Ethics*, de Russ Shafer-Landau, 5. ed. (Oxford: Oxford University Press, 2020).
3. Kiley J. Hamlin e Karen Wynn, "Young Infants Prefer Prosocial to Antisocial Others", *Cognitive Development*, v. 26,

n. 1, 2011, p. 30-39; Paul Bloom, *Just Babies: The Origins of Good and Evil* (Nova York: Broadway Books, 2013).

4. Thoits e Hewitt, "Volunteer Work and Well-Being"; Jane Allyn Piliavin, "Doing Well by Doing Good: Benefits for the Benefactor", em *Flourishing: The Positive Personality and the Life Well Lived*, ed. C. L. M. Keyes e J. Haidt (Washington, DC: American Psychological Association, 2003), p. 227-47.
5. Elizabeth W. Dunn, Lara B. Aknin e Michael I. Norton, "Spending Money on Others Promotes Happiness", *Science*, v. 319, n. 5.870, 2008, p. 1.687-88.
6. Lyubomirsky, *How of Happiness*, p. 89-101, 125-37.
7. Netta Weinstein e Richard M. Ryan. "When Helping Helps: Autonomous Motivation for Prosocial Behavior and Its Influence on Well-Being for the Helper and Recipient", *Journal of Personality and Social Psychology*, v. 98, n. 2, 2010, p. 222.
8. Sobre a insegurança alimentar nos Estados Unidos, veja: https://www.ers.usda.gov/topics/food-nutrition-assistance/food-security-in-the-us/key-statistics-graphics.aspx. Sobre malária em crianças, veja: https://www.againstmalaria.com/. Sobre mudanças climáticas: https://www.oxfamamerica.org/explore/issues/climate-action/.
9. Alguns filósofos consideram que o fato de o utilitarismo ser tão exigente seria uma séria objeção a ele como teoria moral. Veja Samuel Scheffler, *The Rejection of Consequentialism: A Philosophical Investigation of the Considerations Underlying Rival Moral Conceptions*, ed. revisada (Oxford: Clarendon Press, 1994); e Susan Wolf, "Moral Saints", *The Journal of Philosophy*, v. 79, n. 8, 1982, p. 419-39.
10. O utilitarismo das regras é um tipo de utilitarismo que se concentra em identificar o conjunto certo de regras, em vez

da ação correta. É preciso que a ação correta seja aquela que segue essas regras ótimas. Brad Hooker, *Ideal Code, Real World: A Rule-Consequentialist Theory of Morality* (Oxford: Oxford University Press, 2002).

11. Peter Singer, *The Life You Can Save* (Nova York: Pan Macmillan, 2010); Peter Singer, *The Most Good You Can Do* (New Haven, CT: Yale University Press, 2015).
12. John Rawls, *A Theory of Justice*, ed. revisada (Cambridge, MA: Harvard University Press, 1999), p. 374.
13. Csikszentmihalyi. *Flow*, p. 61.
14. Um site de caridade chamado Giving Multiplier (https://givingmultiplier.org/) aproveita essa ideia: ele permite que possíveis doadores escolham uma causa que seja pessoalmente significativa e vinculem a contribuição a uma doação para uma instituição de caridade eficaz. A ênfase em "eficaz" vem do movimento de altruísmo eficaz, que promove a doação de dinheiro para onde ele terá maior impacto: https://www.effectivealtruism.org/. Veja também https://www.givewell.org/, um avaliador de instituições de caridade focado em impacto.
15. Jean-Paul Sartre, *Existentialism Is a Humanism* (New Haven, CT: Yale University Press, 2007).

CONCLUSÃO

1. Minhas palavras aqui são inspiradas por Christine Korsgaard. Em seu *Sources of Normativity* (Cambridge: Cambridge University Press, 1996), ela argumenta que nossa mente reflexiva é a solução para o problema da autoridade da razão.

ÍNDICE REMISSIVO

afiliação: como necessidade humana básica, 42-43, 122-4, 129; como vantagem evolutiva, 123; com família vs. família escolhida, 120
ajuda, 5, 52, 80, 109-10, 132-3, 153, 158
alegria, 41, 48-9, 60, 68, 74, 89
alimento, xvi, 6, 26, 40, 42, 71, 75, 128, 165
altruísmo, 10, 159
amigos, amizade, xx, 13-14, 18, 27-32, 34, 36, 42, 71, 75, 80, 117, 124, 162, 173; aprendendo com, xviii, 38, 60; conflitos enfrentados, 120–21; dissuasão de, 133; natureza recíproca da, 116-17; ruptura, 137; trabalho vs., 71
anel de Giges, 144, 150
animais: necessidades básicas dos, 8-9, 19-20, 41; observando o comportamento dos, 40
ansiedade, 3, 10, 160, 166

aprendendo com os outros, xviii, 36, 51-53, 57
aprovação, 23, 54, 56, 102, 125, 128, 132
Aristóteles, 75, 138, 166-67
ataraxia, 47
atividades em grupo, 126
atuação autonômica, 15
Austen, Jane, 34
autoajuda, 79, 130
autoaperfeiçoamento, 166
autoconhecimento, 52-54, 110; como trabalho em andamento, 61
autoestima, 53, 77, 165
autonomia, xx, 11, 14, 42, 77, 93, 119
autoproteção, 39-40
autorrealização, 42

Baldwin, James, xiii
barreiras: internas vs. externas, 94; injustas, 95-104
bebida, 77, 134

bem-estar, xii, 11-13, 27, 43, 50, 61, 96, 124-25, 159
bens relacionais, 76
Biden, Beau, 141
Biden, Joe, 141
bondade, 105-6, 141, 146, 150-1, 153, 159
Bosson, Jennifer, 108
brincar, 59, 61, 65
Burro de Buridan, O, 21

"Carta de uma prisão em Birmingham" (King), 55
casamentos, 68, 117
Coates, Ta-Nehisi, xiii
comida. *Veja* alimento
competência, xx, 42, 43, 119-20, 122
competitividade, 40, 77, 85
complacência, 166
compras, 16-18, 26, 28, 39
comunidade, xxi, 78, 97, 110, 120, 155
condicionamento físico, 81, 109;
confiança, 34, 46, 90, 107, 159
conflitos, xv-xvi; ajudando amigos com, 131; dentro da meta, 79; entre valores, 80, 106; incapacidade de resolver, 102–10; problemáticos vs. benéficos, 4; respostas a, xix, 69; simples vs. complexo, 17; tipos de, 80

conforto, xx, 14, 16, 22, 39, 70, 119, 122
cooperação, xi, 140, 156
criatividade, 36, 47
crise de meia-idade, x, 170, 175
cuidado, 56, 61, 100
cuidado pessoal, 10
cuidados com idosos, 45
deferência, 97, 105
deliberação, 23
diabetes, xviii, 1, 104, 111, 125, 149; avanços médicos contra o, 94, 104; objetivos conflitantes e, 26; opções de carreira encerradas pelo, 68;
diários, 5
dignidade, 32
dinheiro, 3, 4, 28, 31, 58, 72, 78, 97, 168
dívida, 76, 178
divórcio, 68, 117
doação de órgãos, 151
drogas, 77
dúvida de si mesmo, 23, 77, 151

educação infantil, 52; conflito conjugal e, 68; equilíbrio entre vida pessoal e profissional e, 70; visões divergentes de, 73, 74
Educated (Westover), 116, 120

e-mail, 62
emoção, xx, 21, 109, 112, 153
envelhecimento, 61, 83, 85, 88, 100
epistemologia, 89
equilíbrio entre vida pessoal e profissional, 3, 17, 62, 67, 70, 97, 148
escolha radical, 14, 171
esgotamento, 45
espontaneidade, 38
estabilidade, 22, 84
estereótipos masculinos, 67, 107-9
estoicos, 47, 66, 139
estratégia do rato de laboratório, xviii, 40, 49
estratégias para entender e melhorar valores e metas, xvii, xviii, 34, 36
estresse, 4, 10, 45, 56, 59, 76
ética nos negócios, 88, 151
ética profissional, 88, 151
Existencialismo, 88, 151
experimento mental de invisibilidade, 144, 150
exploração, xviii, 36, 41-44, 57; para identificar valores, 58-59

fama, 76, 85
família, famílias, xx, 29, 32, 36, 44, 58, 80, 118, 153, 162, 173; abusiva, 115-16 ; reinterpretando o significado de, 110; visões convencionais de, 58. *Veja também* pandemia de Covid-19, ix, 22, 116
felicidade: altruísmo vinculado a, 159; como preocupação psicológica, x-xii, 15; como valor, 14, 34; fluxo vinculado a, 48; intervenções vinculadas a, 159; riqueza e busca de *status* vs., 76
Floyd, George, xiii, 165
fluxo, 45, 53, 88, 166
forças inconscientes, 23, 78
Free Solo (filme), 134
fumar, 77, 130

gentileza, 38, 74, 104, 149; no campo de batalha acadêmico, xv, 99, 125; socialização sexista ligada a, 65, 102
Glauco (personagem na obra *República*, de Platão), 144, 151, 160, 170
gravador ativado eletronicamente (EAR, na sigla em inglês), 53
grupos de apoio, 79

habilidades, xx, 5, 11, 15, 28, 41, 50, 72, 86, 119, 157, 166
hedonismo, 11, 13
Henrich, Joseph, 123
Hidden Brain (podcast), 107
hierarquia de necessidades, 42

Hobbes, Thomas, 145, 147, 156, 161
Honnold, Alex, 133, 135, 137
Hume, David, 146-47, 159
humildade, 91-92, 132, 134-36, 138
humor, 13, 38, 99, 112-13
humores misteriosos negativos, 45, 78

ilusão, 88, 91
imoralidade, 148
imparcialidade, 143
individualismo, 122, 174
injustiça, xi, 96, 101, 103, 149, 168
integridade, 38
inteligência social, 123
inteligência, 53
introspecção, xviii, 36-37, 39, 49, 60
ioga, 82, 85

jardinagem, xvii-xviii, 29, 46, 114, 130, 160, 169, 174
julgamento, 12, 46, 66, 81, 113, 117, 137, 146
juramento de Hipócrates, 157
justiça, 32, 97, 140-41, 149-50,

Kant, Immanuel, 145, 147, 169
Kendi, Ibram X., xiii, 55
King, Martin Luther, Jr., 55, 96

leitura, 1, 6, 71, 111, 154

Lyubomirsky, Sonja, 159

manipulação, 54
"máquina de experiências", 88-90
Maslow, Abraham, 42
materialismo, 76. *Veja também* compras
meditação, 5, 79, 113
memória, 116
memória funcional, 22, 39
mentira, 90, 169
mentoria, 157
metas: abandono, 18, 24, 75, 79, 84; autodestrutivas, 75, 136; como rede, 29, 45; conflitantes, xix, 16, 21, 69, 79, 109; conflitos ambientais com, xix, xx, 3, 68, 87, 174; conflitos relacionados ao trabalho de, 3, 10-11, 26, 62, 97, 100, 173; cooperação e, xi, 140, 156; definidas, 28-29; finais vs. instrumentais, xvi, 16, 27-28, 70-71, 74-75; imorais, 137; impacto e importância dos, 18; individualista vs. social, 154-55; metas ocultas, 7-8, 21, 24, 35, 56, 77-78, 108, 112; mudanças ao longo da vida em, 54, 82; materialista, 76; nas culturas ocidentais, 154; priorização, 80, 87; reinterpretação, xix, 9, 69-70,

80, 83-84, 86-87, 97, 109, 111, 115, 121, 132, 169, 174; relacionadas à carreira, 3, 18, 26, 77, 86, 98, 100, 105, 134, 153; tipos de, 17; valores como ix-xii, xvi-xvii, 5, 12-14, 19, 22, 26; viciantes, 76;
Mill, John Stuart, 75, 145, 147
moderação, 167
modéstia, 97, 104-06
Monty Python, 31
morte, 1, 3, 83, 133, 140, 170
motivações psicológicas básicas, xx, 22, 43, 77, 119
mudança social, 101-04
mudanças climáticas, 161

necessidades biológicas, 7
novidade, x, xx, 22, 43, 77, 119
Nozick, Robert, 88-89

O sentido da vida (Monty Python), 31
O'Brady, Colin, 133-34
obrigações morais, 143, 161; negativas, 169 positivas, 161, 169
ontologia, 89
opressão, 102, 157, 168
opressão internalizada, 55
Orgulho e preconceito (Austen), 34

pais: ideias herdadas dos, 68; cuidando dos, 45, 61; sacrifícios pelos, 116
Palin, Michael, 31
personalidade tipo A, 25
pertencimento. *Veja* afiliação
pesar, 140, 160
pessoas LGBTQIA+, 78, 117, 120
Platão, 23, 144
pobreza, xi, 161, 167
princípio aristotélico, 166
princípio da parte justa, 163, 167
proteção ambiental, 3, 17
psicologia, x, 11, 15, 19, 28, 34, 46, 49, 76, 119
psicoterapia, 72

raciocínio instrumental, 72-75
racionalidade, 145
racismo, 55, 95, como motivação, 168; mulheres negras e, 106; opções de vida limitadas pelo, 124
Rawls, John, 166
realidade virtual, 90
realismo, 87
redação, xv, 2, 6
reflexão guiada, 15, 36, 49, 113
relacionamentos 28, 42, 44, 50, 67; amor e dor ligados a, 141; amor e ódio nos, 79; busca de riqueza e *status* vs., 76; como valor final,

48, 84; identidade de grupo vs., 81; tendência inata para, 15, 44; multidimensionalidade da, 128; . *Veja também* amigos, religião da amizade, 26, 147; humildade estimada por, 132 relativismo moral, 151

República (Platão), 144

resiliência, 38

respeito, xx, 56, 98, 141, 149, 154

respeito a si mesmo, 56, 68, 157

respostas ao conflito, xix, 69-75

ressentimento, 168

Rudd, Louis, 133-134

Sartre, Jean-Paul, 170-71

saúde, xvii, 7, 12–13, 16, 26, 35, 85; trabalho vs., 64-65

segurança, 22, 27, 41, 64, 76; como necessidade humana básica, xx, 6, 22, 41, 77, 93, 119, 122; exploração oposta a, 22

sentimentos, 7, 11, 15, 21, 23, 41, 48, 57, 74, 78, 88, 91, 104, 113, 119, 140, 145, 158

sexismo, x, 10, 95, 117; casamentos moldados pelo, 117; como motivação, 158, 178; contra mulheres na liderança, 98-99; em conversas, 24, 80; estereótipos masculinos e, 67, 106-08, 148; no campo da filosofia, x; normas de deferência das mulheres ligadas ao, 97, 105, ; socialização feminina como, 65, 97-98, 111;

simpatia 113, 145-6, 151, 159

síndrome do impostor, 2, 87, 94, 113, 157

sistemas de autorregulação direcionados a objetivos, 19-20, 43

Sócrates, 144

status, 75-76

tédio, 45, 48, 166

teoria do contrato social, 156, 163

teorias da conspiração, 90

terapia, 78, 170

terapia comportamental, 79

trabalho, 26, 36, 51; estresse devido ao, 56. família vs., 3, 162; saúde vs., 70-71; sucesso no, 86

tranquilidade, 47, 49

Trump, Donald, 165

Ucrânia, 161

utilitarismo, 145, 162 utilitarismo de regras, 163

valor, valores: adequação de, 12,

58; aprendendo com os outros a identificar, 44, 46; atingimento de, 19, 35, 93, 110, 131, 156, 174; bem-estar e, 12; como metas, ix-xx, 5, 11-13, 19, 22, 26, 55, 65, 73, 84, 97, 111; de outras pessoas, 117-128; de referência, 20; definido, 28; desejos, emoções e pensamentos harmonizados por, 27; dimensões sociais de, 126; em meio à injustiça, 101; esclarecendo, xix, 25; estratégia de rato de laboratório para identificar, 37-45; experimentos mentais para identificar, 37; exploração para identificar, 58; introspecção para identificar, xviii, 36-37, 39, 49; moral, 137, 141-43, 147-160; mudança radical para, ix, 33, 115-21; mudança social como, 101-04; objetivo e universal, 32; reflexão guiada para identificar, 49; tipos de, 109; transcendendo pessoas específicas, 140-41;

Vaughn, Robert, 107
Vazire, Simine, 52-53
Vedantam, Shankar, 107
vergonha, 23, 54, 67, 104, 135
vício, 79, 136
viés de confirmação, 91
virtude, 1, 11, 135, 138, 167
voluntariado, 6, 38, 72, 149
vulnerabilidade, 138-40

Warren, Jeff, 113
Wayne, John, 66, 105-08
Westover, Tara, 116-17, 120
Wilkerson, Isabel, xiii
workaholics, 25, 97
Worsley, Henry, 134

SUA OPINIÃO É MUITO IMPORTANTE

Mande um e-mail para **opiniao@vreditoras.com.br**
com o título deste livro no campo "Assunto".

1ª edição, jun. 2023
FONTES Baskerville 10 Pro 11/16,3pt e Novecento Cond Medium 22/22pt
PAPEL Polen Bold 70g/m²
IMPRESSÃO Geográfica
LOTE GEO310523